Wibke Derboven
Elternschaft als Arbeit

Care – Forschung und Praxis

Wibke Derboven (Dipl.-Ing.), geb. 1958, arbeitet als wissenschaftliche Mitarbeiterin an der Technischen Universität Hamburg unter anderem mit Gabriele Winker. Sie forscht und lehrt dort unter einer soziologischen und genderorientierten Perspektive in den Feldern Lehr-/Lernforschung, Hochschulforschung sowie interkulturelle Forschung und (Care-)Arbeit. Schwerpunkte liegen hier insbesondere in der Analyse der in Familien verrichteten Sorgearbeit für Kinder und in sozialen Ungleichheitsverhältnissen aktiver Elternschaft.

Wibke Derboven

Elternschaft als Arbeit

Familiales Care-Handeln für Kinder. Eine arbeitssoziologische Analyse

[transcript]

Bibliografische Information der Deutschen Nationalbibliothek
Die Deutsche Nationalbibliothek verzeichnet diese Publikation in der Deutschen Nationalbibliografie; detaillierte bibliografische Daten sind im Internet über http://dnb.d-nb.de abrufbar.

Umschlaggestaltung: Maria Arndt, Bielefeld
Korrektorat: Gabriele Schaller, Bielefeld
Satz: Francisco Bragança, Bielefeld
Druck: Majuskel Medienproduktion GmbH, Wetzlar
Print-ISBN 978-3-8376-4941-3
PDF-ISBN 978-3-8394-4941-7
https://doi.org/10.14361/9783839449417

Gedruckt auf alterungsbeständigem Papier mit chlorfrei gebleichtem Zellstoff.
Besuchen Sie uns im Internet: *https://www.transcript-verlag.de*
Bitte fordern Sie unser Gesamtverzeichnis und andere Broschüren an unter: *info@transcript-verlag.de*

Inhalt

Vorwort

»Das Beste und Schwerste, was mir in meinem Leben passiert ist, sind meine Kinder.« Diesen Satz habe ich vielfach in Gesprächen mit kinderversorgenden Freund*innen, Verwandten, Kolleg*innen und Nachbar*innen gehört. Auch für mein Leben trifft dieser Satz zu. Seit ich eigene Kinder habe und auch viele andere Eltern in ihrem Care-Handeln für ihre Kinder erlebe, trage ich ein Alltagsverständnis der Arbeit von Eltern in mir, das die derzeitige Konzentration auf Erwerbsarbeit in unserer Gesellschaft – wenn es um Leistung, Anerkennung, aber auch Gestaltung der Rahmenbedingungen geht – als unangemessen und ungerecht empfindet.

Das Schwerpunktthema ›Care-Arbeit in Bewegung‹ der (bei Erscheinen des Buches schon ehemaligen) Arbeitsgruppe Arbeit-Gender-Technik der Technischen Universität Hamburg hat mir einen Raum gegeben, mein Alltagsverständnis um eine wissenschaftliche Perspektive zu erweitern. Dafür bin ich sehr dankbar. Unter der Leitung von Prof. Dr. Gabriele Winker, und aus Eigenmitteln der Arbeitsgruppe finanziert, ist diese Studie konzipiert und durchgeführt worden. Sie schaut tief hinein in das Care-Handeln von Eltern und zeigt, dass die Arbeit von Eltern einen Vergleich mit der Arbeit von Erwerbsarbeitenden auch in oberen Hierarchieebenen nicht zu scheuen braucht. Die Anforderungen sind enorm, und »manchmal ist es eigentlich gar nicht leistbar«, wie ein Vater sagt. »Ich bete und hoffe immer, dass aus meinen Kindern etwas wird«, ist ein Kernsatz vieler der befragten Eltern. Diese transzendenten Entlastungsstrategien haben mich tief berührt, zeigen die doch, wie viel Sorge und mentale Anstrengung Elternschaft mit sich bringt.

Ich danke Gabriele Winker für die viele Zeit, die anregenden Diskussionen und wertvollen Ideen und Strukturierungen, die sie in die Studie eingebracht hat. Ohne sie wäre diese Studie nicht denkbar. Ich danke auch meinen Kolleg*innen für ihre vielen unterstützenden Beiträge zu dieser

Studie: Anna Köster-Eiserfunke, Benno Kieselstein, Doris Cornils, Grit Grigoleit, Iris Nowak, Jan Winkelmann, Jette Hausotter, Kathrin Ganz, Kathrin Schrader, Sophie Dishman, Petra Schlegel und Tanja Carstensen sowie meiner Schwester Silke Derboven. Und ich danke den Studierenden: Anja Puchert, Eva Markowsky, Magdalena Birnbacher, Marlin Schüler, Miriam Follmer, Regina Lange, Stella Bünger, Ute Lehmann und Vincent-Marten Dziemba für das Bereitstellen ihrer Interviews.

Und vor allem danke ich den vielen Interviewpartner*innen, die mir einen tiefen Einblick in ihr Care-Handeln für ihre Kinder gegeben haben. Deutlich wurde, was sie machen, was sie einbringen, und wie sie sich dabei fühlen. Einige Fragen lösten bei Ihnen zunächst Stille aus: So brauchte es einige Zeit bis sich eine greifbare Vorstellung ihrer eingebrachten Kompetenzen einstellte, und wir über Kompetenzen sprechen konnten. Dies zeigte mir, wie wichtig es ist, dass diese Arbeit nicht nur für die Gesellschaft, Politik und Wissenschaft sichtbarer wird, sondern auch für die Eltern selbst. Denn auch ihnen sind Anteile ihrer Arbeit und ihrer Leistungen gar nicht bewusst. Wenn eigene Arbeit selbst für die Handelnden unsichtbar ist, dann besteht Entschleierungsbedarf. In diesem Sinne wünsche ich den Lesenden viele sich lüftende Schleier. Und ich wünsche allen Müttern und Vätern, dass sich die Rahmenbedingungen für Eltern stetig verbessern.

Wibke Derboven im April 2019

1. Einleitung

Wie es Eltern geht und was sie leisten, ist eine vielfach, aber immer noch zu wenig diskutierte und beforschte Frage unserer Zeit. Deshalb widmet sich diese Studie dem tieferen Verständnis der Arbeit von Eltern, begrifflich gefasst als familiale Care-Arbeit für Kinder (zum Begriff siehe Kapitel 2). Ziel der Studie ist es primär, die Art und die Anforderungen dieser Arbeit, aber auch die Vielfalt ihrer Realisierung unter Berücksichtigung der sehr ungleichen familialen Rahmenbedingungen sichtbarer zu machen. Eine verstärkte Erforschung der familialen Care-Arbeit für Kinder ist wichtig, weil eine gute Versorgung der eigenen Kinder für Eltern und für die Gesellschaft höchste Priorität hat, sich aber dennoch die Rahmenbedingungen, unter denen Eltern ihre Kinder versorgen, zunehmend verschlechtern. Diese Verschlechterungen sind sowohl im Kontext der sich zuspitzenden Lage von unbezahlter Haus- und Sorgearbeit ganz allgemein, als auch im Kontext elternspezifischer unbezahlter Haus- und Sorgearbeit zu interpretieren. Entsprechend wird einleitend zur Begründung des Forschungsthemas auf beide Kontexte eingegangen.

Unbezahlte Haus- und Sorgearbeit wird zunehmend gewürdigt, aber gleichzeitig auch durch veränderte gesellschaftliche Rahmenbedingungen erschwert. Während Geschlechterforscher*innen in den 1970er-Jahren noch dafür kämpfen mussten, dass häusliche Tätigkeiten wertgeschätzt und als gesellschaftlich notwendige Arbeit anerkannt werden (bspw. Bock/Duden 1977), wird heute nicht nur in wissenschaftlichen, sondern auch in politischen Kontexten unbezahlte Haus- und Sorgearbeit zunehmend als eine Säule gelingender Gesellschaft wertgeschätzt und auch als Arbeit benannt (bspw. im Siebten Familienbericht BMFSFJ 2006: 87). Gleichzeitig wird diese Arbeit aber immer noch verkannt, und ihre Realisierung wird wegen der sich verschlechternden Rahmenbedingungen immer schwieriger. Die Auseinandersetzung mit und Anerkennung von Erwerbsarbeit ist bei Weitem höher, und dies obwohl die Menge an unbezahlter Haus- und Sorgearbeit die Menge an Erwerbsarbeit deutlich übersteigt.[1] Unter welch schwierigen Rahmenbedingungen unbezahlte Haus- und Sorgearbeit heute realisiert werden muss, zeigt sich nicht zuletzt daran, dass die gesamte Debatte um unbezahlte Haus- und Sorgearbeit zunehmend unter dem »Duktus der Reproduktionskrise« (König 2012: 83) geführt wird. Wissenschaftler*innen verweisen auf eklatante Problemlagen im Bereich der unbezahlten Haus- und Sorgearbeit: auf eine akute Gefährdung der gesamten unbezahlten Haus- und Sorgearbeit (bspw. Senghaas-Knobloch 2008; Winker 2010, 2015), auf die hochgradig sozio-ökonomisch ungleichen Rahmenbedingungen, unter denen unbezahlte Haus- und Sorgearbeit realisiert wird (bspw. Merkle u.a. 2008; Winker 2010, 2015; Jurczyk/Klinkhardt 2014) und auf die Gefahr zunehmender sozialer Ungleichheit zwischen Menschen mit privaten Sorge-Verpflichtungen und ohne (bspw. Lenze 2008, 2010; Bauer 2009; Gerhard 2010; Derboven 2016; auf Geschlechterungleichheit bezogen: Sachverständigenkommission zum Zweiten Gleichstellungsbericht der Bundesregierung 2017). Nach Winker (2015) befindet sich unsere Gesellschaft als Folge des herrschenden neoliberalen Systems in einer »Krise der sozialen Reproduktion«. Als einen ersten Schritt der Krise entgegenzutreten, brachte Winker den Begriff der »Care Revolution« (ebd.) in die Welt. Damit will sie die Bedeutung des Füreinander-Daseins und des Umeinander-Sorgens nicht nur (wieder) ins gesellschaftliche Bewusstsein, sondern darüber hinaus auch in die politische Gestaltung unserer Gesellschaft bringen: Ein mehr als dringendes Anliegen, da die Macht der Wirtschaft und des Marktes, die Konzentration auf Erwerbsarbeit sowie die Diffusion des ökonomischen Denkens auch in soziale Lebensbereiche uns zuweilen vergessen lässt, dass Menschen in verschiedensten Lebensphasen auf die Sorge durch andere Menschen angewiesen sind, und sowohl bezahlte als auch unbezahlte Sorgearbeit gesellschaftlich notwendige Arbeit ist, die Wertschätzung und gute Rahmenbedingungen braucht. Auch führende Ökonomen weisen zunehmend auf die

1 Die Zeitverwendungserhebung 2012/2013 (Statistisches Bundesamt 2015b), die alle 10 Jahre durchgeführt wird, zeigt, dass im Vergleich zur Erhebung 2001/2002 der Anteil der unbezahlten Haus- und Sorgearbeit bei beiden Geschlechtern gesunken ist, aber immer noch einen größeren Anteil einnimmt als bezahlte Erwerbsarbeit: Erwachsene leisten ca. 24,5 Stunden je Woche unbezahlte Haus- und Sorgearbeit und 20,5 Stunden je Woche Erwerbsarbeit. Dies macht deutlich, wie wichtig es ist, auf unbezahlte Haus- und Sorgearbeit zu schauen.

Notwendigkeit hin, die Sorge um Andere mehr ins politische Zentrum zu stellen. So fordert beispielsweise Collier (2019) einen »sozialen Maternalismus«, der insbesondere auch Familien früh und fürsorgend unterstützt.

Aktuell sind traditionelle Rahmenbedingungen für die Realisierung von unbezahlter Haus- und Sorgearbeit, wie beispielsweise Familienzeit und Familienlöhne, weggebrochen. Davon sind Eltern in besonderer Weise betroffen.[2] Neben dem Ausbau der institutionellen Kinderbetreuung sind die Einführung des Elterngeldgesetzes mit Lohnersatzfunktion zum 1.1.2007 und das neue Unterhaltsgesetz zum 1.1.2008 als einschneidende Maßnahmen zu nennen. Während das Elterngeldgesetz vorwiegend gut verdienenden erwerbstätigen Menschen Anreize bietet, Kinder zu bekommen, erwartet das Unterhaltsgesetz, dass nichterwerbstätige Menschen auch mit kleinen Kindern nach einer Scheidung möglichst schnell eine Erwerbstätigkeit aufnehmen. Die strukturelle Rahmung wird normativ durch das vorherrschende kulturelle Leitbild der Eigenverantwortung gestützt. Alle Eltern sind strukturell und normativ aufgerufen, für die eigene Existenzabsicherung selbsttätig zu sorgen und parallel zur Erwerbstätigkeit ihre Kinder in einem arbeitsteiligen System unbezahlt zu versorgen (Winker 2015). Ostner (2008) beschreibt in ihrer Analyse des Siebten Familienberichts (BMFSFJ 2006), der diesen Paradigmenwechsel in der Familienpolitik dokumentiert und wissenschaftlich legitimiert, die mangelnde Offenheit für politische Wege jenseits dieses Leitbildes und kritisiert: »Der Bericht stützt ex post einzig den bereits auf den Weg gebrachten Politikwechsel und ein Politikmodell, das darauf ausgelegt ist, die Zeit für Familie, insbesondere die der Frauen, zu verringern, ohne die der Männer wesentlich zu erhöhen.« (Ebd.: 248) Verschärfend kommt hinzu, dass die (Selbst-)Anforderungen an die Elternrolle enorm gestiegen und teilweise gar nicht leistbar sind: Eltern bzw. meist Mütter fühlen sich mehr oder weniger allein verantwortlich für die Entwicklung ihrer Kinder in einer immer komplexer werdenden Welt. Sie sehen es als ihre Aufgabe, ihren Kindern ein Rüstzeug für ein später gelingendes Leben zu geben. Die hohen Ansprüche an die elterlichen Aufgaben werden in dem herrschenden Leitbild der »verantworteten Elternschaft« deutlich. Dieses Leitbild, dass die Überzeugung ausdrückt, dass Elternschaft »nur

2 An dieser Stelle sei angemerkt, dass grundsätzlich alle Menschen, die private Sorge leisten (müssen), stark betroffen sind. Da diese Studie familiale Care-Arbeit für Kinder untersucht, wird darauf jedoch nicht eingegangen.

unter der Bedingung von hinreichender Erziehungskompetenz und ökonomischer Sicherheit befürwortet wird«, sehen Wissenschaftler*innen als »bei einem Großteil der (potenziellen) Eltern verinnerlicht« (Jurczyk/Klinkhardt 2014: 153). Eine Studie zu Familienleitbildern in Deutschland (Schneider u.a. 2015) kommt zu dem Schluss, dass mit dem Leitbild der »verantworteten Elternschaft« ein derart hohes Anspruchsniveau verbunden ist, dass sich viele Menschen mit Kinderwunsch gezwungen sehen, auf Kinder zu verzichten.

Festzuhalten ist der große Graben zwischen den gestiegenen Anforderungen an Eltern auf der einen und den sich verschlechterten gesellschaftlichen Rahmenbedingungen für Eltern auf der anderen Seite. Vor diesem Hintergrund ist der Mangel an arbeitssoziologischen Studien, die die Tätigkeit von Eltern systematisch analysieren, besonders kritisch zu betrachten. Noch immer konzentriert sich die Arbeitssoziologie in ihren Analysen auf Erwerbsarbeit und vernachlässigt den gesamten Bereich der unbezahlten Haus- und Sorgearbeit. Diese Studie greift diese arbeitssoziologische Forschungslücke auf. Ziel ist es, familiale Care-Arbeit für Kinder mittels arbeitssoziologischer Dimensionen zu beschreiben, und das Anforderungsprofil dieser Arbeit, aber auch die Vielfalt ihrer Realisierung unter Berücksichtigung der sehr ungleichen familialen Rahmenbedingungen herauszuarbeiten.

Die Darstellung der Studie beginnt nach den einleitenden Worten mit einer Erläuterung der gewählten Gegenstandsbegriffe erstens familiale Care-Arbeit für Kinder und zweitens familiales Care-Handeln für Kinder in Kapitel 2. Es folgt die Darstellung des Forschungsstands und der derzeitigen strukturellen Rahmenbedingungen in Kapitel 3, um daraus in Kapitel 4 die theoretische Perspektive und die konkreten Forschungsfragen abzuleiten. In Kapitel 5 werden das Sample der Studie und das methodische Vorgehen beschrieben. Kapitel 6 und 7 geben die Ergebnisse wieder. Kapitel 6 beschreibt die zentralen Dimensionen von familialer Care-Arbeit für Kinder und deren vielschichtige Ausprägungen, und Kapitel 7 stellt darauf aufbauend eine Typologie des Care-Handelns von Eltern dar, die auch auf den Zusammenhang zwischen dem realisierten Care-Handeln und den jeweiligen sozio-ökonomischen Bedingungen eingeht. Die Arbeit schließt in Kapitel 8 mit einer Zusammenfassung der zentralen Ergebnisse und mit einer Einordnung der Art und des Anforderungsprofils von familialer Care-Arbeit für Kinder sowie einer Einschätzung der Bedeutung der Studie.

2. Zu den Begriffen familiale Care-Arbeit und familiales Care-Handeln für Kinder

Die in dieser Studie untersuchten Tätigkeiten von Eltern werden unter die Begriffe: familiale Care-Arbeit für Kinder[1] oder familiales Care-Handeln für Kinder gefasst. Zunächst wird der Begriff der familialen Care-Arbeit für Kinder erläutert. Um Arbeit zu differenzieren und auch über Erwerbsarbeit hinaus zu benennen, gibt es verschiedene Benennungen mit je eigenen Unterscheidungen. Tabelle 1 zeigt die wichtigsten Begriffskomplexe verschiedener Abgrenzungen von Arbeit.

Tabelle 1: Unterscheidungsperspektiven und Begriffskomplexe zur Differenzierung verschiedener Bereiche von Arbeit (eigene Systematisierung)

Unterscheidung	Fokus der Unterscheidung	Begriffskomplex zur Differenzierung von Arbeitsbereichen
Ökonomische Perspektive	Entlohnung	Lohnarbeit versus Reproduktionsarbeit (auch Erwerbsarbeit versus unbezahlte Haus- und Sorgearbeit)
Tätigkeitsperspektive	Anforderungen an das Arbeitshandeln	Güterproduktion versus Care-Arbeit bzw. Sorgearbeit
Organisationsperspektive	System, in dem die Arbeit stattfindet	Erwerbsarbeit versus Familienarbeit bzw. familiale Arbeit

Die den Bereichen von Arbeit zugrunde liegenden Differenzierungen unterscheiden sich qualitativ voneinander. Die Gegenüberstellung von Reproduktions- und Lohnarbeit macht deutlich, dass nicht alle gesellschaftlich notwendigen Tätigkeiten entlohnt werden, sondern dass es unbezahlte

1 Ohne dabei allerdings außer Acht zu lassen, dass das gesamte Tätigsein von Eltern für Kinder und mit ihnen im subjektiven Erleben auch Anteile von Nicht-Arbeit hat (siehe Kapitel 6.5).

Haus- und Sorgearbeit gibt, die nach der aktuellen Zeitverwendungserhebung 2012/2013 immer noch deutlich umfangreicher ist als Lohnarbeit (Statistisches Bundesamt 2015b). Die Gegenüberstellung von Güterproduktion und Care-Arbeit[2] verdeutlicht, dass bei Arbeit am und mit Menschen sorgende und interaktive Arbeitsformen im Zentrum stehen. Diese Handlungen wurden von der auf industrielle Arbeit zentrierten traditionellen Arbeitssoziologie bis vor Kurzem gar nicht als Arbeit wahrgenommen. Die Gegenüberstellung von Erwerbsarbeit und Familienarbeit[3] differenziert im Hinblick auf die Organisationsform und den Ort, an dem die Arbeit stattfindet. Unter Familienarbeit werden Aktivitäten von Familienakteuren verstanden, die unbezahlt innerhalb der Familie erbracht werden. Um alle drei Unterscheidungsperspektiven zu verbinden, wurde in dieser Studie der Begriff der familialen Care-Arbeit für Kinder gewählt. Der Begriff verweist auf drei wesentliche Kennzeichen dieser Arbeit: unentlohnt, auf sorgende Tätigkeiten zentriert und in familiale Organisationsformen eingebettet.

Der Begriff des familialen Care-Handelns für Kinder wird ergänzend genutzt. Er verweist darauf, dass die Arbeitssoziologie Arbeit traditionell als Handeln konzipiert. Im arbeitssoziologischen Konzept des Arbeitshandeln (Böhle 2010), das die theoretische Grundlage dieser Arbeit bildet (siehe Kapitel 4.1), kommt dies zum Ausdruck. Der dem Begriff des Arbeitshandelns vergleichbare Begriff für den Gegenstandbereich dieser Studie wäre korrekter: familiales Care-Arbeitshandeln für Kinder. Doch dieser Begriff ist lang, sperrig und unschön in seiner Anmutung. Da Care oft schon Arbeit impliziert, habe ich mich für familiales Care-Handeln für Kinder als ergänzenden Begriff entschieden.

Die Begriffe familiale Care-Arbeit für Kinder und familiales Care-Handeln für Kinder, die in dieser Studie vielfach vorkommen, sind weitgehend als synonyme Begriffe zu verstehen. Der Unterschied der Verwendung liegt im Kontext: Je nachdem, ob der Kontext eher auf das Phänomen Arbeit oder auf die handelnden Arbeitsakteure abzielt, wird der eine oder der andere Begriff verwendet.

---

2 Die Begriffe Care-Arbeit und Sorgearbeit werden im öffentlichen Diskurs synonym verwendet.

3 Die Begriffe Familienarbeit und familiale Arbeit werden im öffentlichen Diskurs synonym verwendet.

3. Forschungsstand und struktureller Rahmen

Im Folgenden werden wichtige Forschungsergebnisse und Rahmenbedingungen zur familialen Care-Arbeit für Kinder vorgestellt. In den entsprechenden Unterkapiteln werden Erkenntnisse und Sachstände zu den Kennzeichen dieser Arbeit, zum Wandel des Zeitverhältnisses von Erwerbsarbeit und familialer Care-Arbeit für Kinder, zu den Belastungen sowie zur Zufriedenheit von Eltern, und zur Ungleichheit sowie Unterschiedlichkeit zwischen Eltern vorgestellt.

3.1 Zu den Kennzeichen von familialer Care-Arbeit für Kinder

Da familiale Care-Arbeit für Kinder bislang (noch) kein eigenständiger Forschungsgegenstand der Arbeitssoziologie, -psychologie oder -wissenschaft ist, sind arbeitswissenschaftliche Erkenntnisse zu diesem Forschungsgegenstand breit verteilt und in verschiedenen Forschungsbereichen sowie unter unterschiedlichen Begriffen zu finden. Im Folgenden werden primär Erkenntnisse aus den Forschungsbereichen Care-Arbeit inkl. interaktiver Arbeit und Familienarbeit inkl. Haus(halts)arbeit zusammengefasst. Der Bereich der Erziehungswissenschaften bleibt weitgehend unberührt.

Forschungen zur Care-Arbeit versuchen die spezifischen Handlungsanforderungen von Care-Arbeit herauszuarbeiten. Einig sind sich Forscher*innen, dass Care-Arbeit sowohl im Erwerbs- als auch im familialen Bereich durch die neoliberalen Strukturanpassungsprogramme großen Umbrüchen ausgesetzt ist. Einigkeit besteht auch darin, dass Care-Arbeit insbesondere wegen des hohen Anteils an Emotions- und Gefühlsarbeit andere Anforderungen an das Handeln stellt als die Produktion von Gütern (bspw. Madörin 2006; Senghaas-Knobloch 2008; Kumbruck 2010).[1] Care-Arbeit wird über den hohen Aufwand an Emotions- und Gefühlsarbeit hinaus markiert als speziell motiviert, komplex, kommunikations- und zeitintensiv (bspw. Folbre 2001), als asymmetrisch im Sinne von Verantwortlichkeit versus Abhängigkeit (bspw. Jochimsen 2003), als fließend in ihrer Notwendigkeit (bspw. Anderson 2006) und als stark eingeschränkt bezüglich der Steigerungsmöglichkeiten der Arbeitsproduktivität (bspw. Donath 2000; Gubitzer/Mader 2011). Im Konzept der interaktiven Arbeit (bspw. Hacker 2009; Dunkel/Weihrich 2010), das über Care-Arbeit hinaus die Arbeit am und mit Menschen als Arbeit eigener Art interpretiert, wird hervorgehoben, dass der Arbeitsgegenstand Mensch anders als Güter kein passives Objekt ist, sondern als Koproduzent eine eigene Dynamik in den Arbeitsprozess hineinträgt (bspw. Hacker 2009). Hingewiesen wird zudem auf die Notwendigkeit komplexitätsreduzierender Ressourcen wie Handlungsroutinen, Faustregeln und Bauchentscheidungen (ebd.).

Stellen Forschungen zur Care-Arbeit und zur interaktiven Arbeit die Besonderheiten der sorgenden oder interaktiven Tätigkeit ins Zentrum der Betrachtung, so arbeiten Studien zur Haus(halts)- und Familienarbeit die Auswirkungen des Systems Haushalt oder Familie auf die dort erbrachten Tätigkeiten heraus. Als ein zentrales Kernelement von Haus(halts)- und Familienarbeit gilt neben der Unentgeltlichkeit der fehlende organisationale Rahmen. Dadurch spielt Selbst- gegenüber Fremdzwang eine große Rolle, und der Prozess der Verinnerlichung sozialer Kontrolle verläuft individuell und schichtspezifisch sehr unterschiedlich. Der fehlende organisationale Rahmen hat darüber hinaus zur Folge, dass Kompetenzen weder strategisch eingesetzt noch standardisiert weitergegeben werden, und weder die Menge noch die Leistungsanforderungen von Familienarbeit objektiv zu bestimmen sind (bspw. Kaufmann 1999; Geissler 2010). In seinen ethnomethodologischen Studien kennzeichnet Kaufmann (1999) Haushaltsarbeit als routinisierte, inkorporierte Praxis, die nur ungern an Dritte abgegeben, kaum verhandelt und auch nur selten reflektiert wird. Auch andere Forscher*innen stellen fest, dass Haushaltstätigen kritische Distanz und reflexives Lernen eher schwerfallen (bspw. Röhler 2009). Diese Unverhandelbarkeit von

1 Während das Konzept der Emotionsarbeit die Arbeit an den eigenen Gefühlen beschreibt (Hochschild 1983, 1990), fokussiert das Konzept der Gefühlsarbeit auf Arbeit an den Gefühlen anderer Personen (Strauss u.a. 1980).

Haushaltstätigkeiten wird aber im Hinblick auf die familiale Care-Arbeit für Kinder zunehmend bestritten. Rauschenbach (2008) spricht beispielsweise von einem Mentalitätswechsel, einem tiefgreifenden und folgenreichen Umdenken, einer neuen Kultur des Aufwachsens von Kindern und einer hohen Bereitschaft von Eltern, die Betreuung der Kinder an öffentliche Institutionen abzugeben.

3.2 Zum Wandel des Zeitverhältnisses von Erwerbsarbeit und familialer Care-Arbeit für Kinder

Das zeitliche Verhältnis zwischen Erwerbsarbeit und familialer Care-Arbeit für Kinder hat sich drastisch verändert.[2] Die rein männliche Versorgerehe, wie sie in der BRD in den 1960er- und 1970er-Jahren gängig war, ist stark rückläufig. Verantwortlich für die Familienarbeiten wie Kindererziehung und Pflege unterstützungsbedürftiger Familienangehöriger bleiben aber weiterhin primär Frauen. Zur Arbeitsteilung im Haushalt gibt es zahlreiche Studien und Statistiken, die auf ein großes Beharrungsvermögen traditioneller geschlechtstypischer Arbeitsteilungsmuster verweisen, insbesondere dann, wenn Kinder zu versorgen sind (bspw. Bauer 2009; Statistisches Bundesamt 2010, 2015b). Tabelle 2 zeigt, dass das am meisten verbreitete Familienmodell noch immer die modernisierte männliche Versorgerehe ist, das aus einem männlichen Vollzeitarbeiter und einer weiblichen Teilzeitarbeiterin besteht, die das Gros der familialen Care-Arbeit für Kinder leistet. Daran hat sich zwischen 2008 und 2012 auch wenig geändert, der Anteil liegt relativ konstant um die 38 % (Statistisches Bundesamt 2015a: 91, 92, eigene Prozentberechnungen). Beiderseitige Vollzeitbeschäftigung wird nur von 13,9 % aller Eltern realisiert (ebd.). Dies heißt, dass die meisten Eltern dem kulturellen Leitbild der umfassenden Erwerbsintegration aller Erwachsenen

2 Auf andere Aspekte des Wandels wird hier nicht eingegangen. Einen guten Überblick zum Wandel der Situation von Eltern geben Jurczyk und Klinkhardt (2014). Zusätzlich zur »Erosion des konventionellen Ernährermodells« sehen die Wissenschaftlerinnen einen Wandel durch die Entgrenzung von Erwerbsarbeit, die zunehmende Nicht-Vereinbarkeit von Beruf und Familie, die schwindende Passfähigkeit von Infrastrukturen für Familien, die Zunahme vielfältiger Lebensformen, die Zunahme von Familien- und Kinderarmut, die Zunahme von Familien mit Migrationshintergrund und durch neue Gestaltungsräume von Kindheit.

zur eigenständigen Existenzsicherung nicht folgen.[3] Deutlich wird an den Zahlen aber auch, dass der Weg des Erhalts der Familienzeit bei gleichzeitiger gerechterer Verteilung zwischen den Geschlechtern – ein Weg, der von der Frauenbewegung der 70er-Jahre propagiert wurde – in der Praxis eine Randerscheinung ist: Die beiderseitige Teilzeiterwerbstätigkeit wird nur in einem Prozent der Familien gelebt (ebd.). Eltern praktizieren demnach im Durchschnitt ein Lebensmodell, das Zeit für Familie zwar verringert, aber nicht so umfassend, wie es politisch gewünscht und strukturell verankert ist. Aktuell versucht die Politik auf die immer noch sehr geschlechterungleiche Verteilung zwischen bezahlter Erwerbsarbeit und unbezahlter Haus- und Sorgearbeit einzuwirken und gegenzusteuern. Dadurch wird auch Care-Arbeit insgesamt aufgewertet. Im Zweiten Gleichstellungsbericht der Bundesregierung (BMFSFJ 2017) werden der »Gender-Care-Gap« und das »Erwerb-und-Sorge-Modell [als ein neuer] Ankerpunkt für die Konzeption politischer Maßnahmen« etabliert. Damit will die Politik der aktuellen geschlechterungleichen Aufteilung zwischen »Erwerbs- und Sorgearbeit« begegnen, und »Frauen wie Männer dabei unterstützen, dass sie im Lebenslauf gleichermaßen neben der Erwerbsarbeit auch private Sorgearbeit ausüben können.« (ebd.: 8). Die Parallelität und geschlechtergerechte Verteilung beider Arbeitsformen soll gefördert werden: »Erwerbs- und Sorgearbeit muss allen Menschen jederzeit im Lebenslauf möglich sein.« (ebd.: 243). Es werden zehn Handlungsbereiche identifiziert: Abhängige Erwerbsarbeit, Berufsberatung und berufliche Weiterbildung, Selbständige Erwerbsarbeit, Erwerbsförmige Sorgearbeit, Sorge für Kinder, Sorge für pflegebedürftige Personen, Private Haushaltsführung, Wiedereinstieg, (Fehl)anreize in Paarbeziehungen, Rente und Altersversicherung. Für jeden dieser Bereiche sind Empfehlungen formuliert, die die Ungleichheitsverhältnisse zwischen den Geschlechtern abbauen sollen.

3 Wie bereits in der Einleitung beschrieben, verfolgt die Veränderung der strukturellen Rahmung, die sich insbesondere im neuen Elterngeldgesetz mit Lohnersatzfunktion und im neuen Unterhaltsgesetz manifestiert, das Ziel, dass alle Eltern neben der familialen Care-Arbeit für Kinder parallel auch eine die Existenz sichernde Erwerbsarbeit leisten.

Tabelle 2: Rangfolge der Erwerbsarbeitsteilung in Paarfamilien mit minderjährigen Kindern (Ehepaare und gemischtgeschlechtliche Lebensgemeinschaften) (Statistisches Bundesamt 2015a: 91, 92; eigene Prozentberechnungen)

Erwerbstätigkeit gemäß Mikrozensus	2008 [%]	2012 [%]
Vater in Vollzeit, Mutter in Teilzeit	37,9	38,4
Nur Vater erwerbstätig	32,4	29,4
Beide Elternteile in Vollzeit	12,4	13,9
Kein Elternteil erwerbstätig	9,9	10,3
Nur Mutter erwerbstätig	5,1	5,3
Beide Elternteile in Teilzeit	1,3	1,7
Mutter in Vollzeit, Vater in Teilzeit	1,0	1,1

Studien zeigen, dass sich circa zwei Drittel der Väter und ein Drittel der Mütter mehr Zeit für ihre Kinder wünschen (BMFSJF 2012: 45). Als ein Konzept, die gesunkene Familienzeit zu kompensieren, gilt das viel beachtete, aber auch kontrovers diskutierte Konzept der Quality Time (auf Deutsch Qualitätszeit (Hochschild 2006)). Mit Quality Time wird Zeit benannt, die sehr bewusst zur Festigung der (Familien-)Beziehungen verbracht wird. Im ›Memorandum Familie leben‹ greift das Bundesministerium für Familie, Senioren, Frauen und Jugend dieses Konzept auf und betont, dass es Aufgabe der Familienpolitik sei, Eltern mehr Zeitsouveränität zur Realisierung von Qualitätszeit zu ermöglichen. Qualitätszeit wird dabei wie folgt definiert: »Als Qualitätszeit für Familien betrachten wir verlässliche und selbstbestimmte Zeitoptionen, die Familien bewusst für gemeinsame Aktivitäten nutzen. Dabei kann es sich sowohl um gemeinsame Ausflüge oder Spielnachmittage handeln als auch um Aktivitäten, wie etwa gemeinsames Kochen und Essen, solange sie bewusst als Familienzeit wahrgenommen werden. Reine Haushaltstätigkeiten oder Hobbys, bei denen andere Familienmitglieder auch anwesend sind, zählen hingegen nicht dazu. Für uns bemisst sich Zeitwohlstand in bewusster Interaktion, Fürsorge und Zuwendung mit dem Ergebnis von Wohlbefinden.« (BMFSJ 2009: 6)

3.3 Zur Belastung und Zufriedenheit von Eltern

Viele Studien zeigen die hohen Belastungen von Eltern und insbesondere von Müttern (bspw. BMFSFJ 2006; Merkle u.a. 2008; Jurczyk u.a. 2009; Lutz 2012), die immer noch die Hauptverantwortung für die Kinder übernehmen. Wolf (2006: 170) konnte zeigen, dass die ungleiche Belastung mit Familienarbeit entscheidend zur gesundheitlichen Benachteiligung von Frauen bestimmter Altersgruppen beiträgt. Die Stressstudie der Techniker Krankenkasse (2016) zeigt, dass sich 43 % der 30- bis 39-jährigen durch die Erziehung der Kinder gestresst fühlen. Die Erziehung der Kinder ist in dieser Altersgruppe der größte Stressbereich, nach dem Bereich der eigenen hohen Ansprüche mit 52 % (Techniker Krankenkasse 2016: 15). Auch Väter sind belastet. So beschreiben beispielsweise Brost und Wefing (2015), dass auch für Väter Kinder und Karriere in unserer heutigen Arbeitswelt nur schwer zu vereinbaren sind, und dass Väter ebenso wie Mütter an beruflichen Zwängen verzweifeln können. Sie schreiben davon, wie Arbeitsstress »müde, ruppig und stumm« macht, und auch den Vätern keine Kraft mehr für Familie bleibt. Sie verweisen darauf, dass Erwerbsarbeitsstress, den man mit nach Hause nimmt, Eltern die mentale Kraft raubt, die sie zu Hause für ihre Kinder dringend brauchen. Zunehmend wird öffentlichkeitswirksam die Vereinbarkeit von Familie und Beruf angezweifelt (bspw. Garsoffky/Sembach 2014). Von besonderer Bedeutung zum Thema Vereinbarkeit sei an dieser Stelle auf das abgeschlossene Lanceo-Verbundprojekt zur Erforschung einer balanceorientierten betrieblichen Leistungspolitik verwiesen (Kratzer u.a. 2015). Es betont, dass nicht die Begrenzung der Arbeitszeit allein Erwerbsarbeit familienfreundlich macht, sondern dass es auch darauf ankommt, in welchem Zustand die Menschen nach Hause kommen. Work-Life-Balance wird in einen Zusammenhang mit betrieblichen Leistungspolitiken gestellt: »Überforderung ist nur unter Einsatz zusätzlicher Ressourcen zu bewältigen – und diese Ressourcen werden oft aus der Lebenswelt abgezogen und betrieblich vernutzt, sei es in Form von zeitlicher Flexibilität, sei es in Form einer Überbeanspruchung, die private Aktivitäten einschränkt.« (Ebd.: 67f.) Differenziert man nach Elternschaft und summiert Erwerbsarbeit und unbezahlte Haus- und Sorgearbeit zu einer Gesamtarbeitsbelastung zeigt sich, dass Frauen und auch Männer mit Kindern deutlich mehr arbeiten als Frauen und Männer ohne Kinder. Die Zeitverwendungserhebung 2012/2013 (Statistisches Bundesamt 2015b), die alle 10 Jahre durchgeführt wird, zeigt, dass im Vergleich zur Erhebung 2001/2002 der Anteil der unbezahlten Haus- und Sorgearbeit bei beiden Geschlechtern gesunken ist, aber immer noch einen größeren Anteil einnimmt als bezahlte Erwerbsarbeit: Erwachsene leisten ca. 24,5 Stunden je Woche unbezahlte Haus- und Sorgearbeit und 20,5 Stunden je Woche Erwerbsarbeit. Dies macht deutlich, wie wichtig es ist, auf unbezahlte Haus- und Sorgearbeit zu schauen. Summiert man beide Arbeitsformen zu einer Gesamtarbeitsbelastung und differenziert zwischen Haushalten mit Kindern und ohne, so zeigt sich, dass sich der Gesamtarbeitsaufwand zwischen Menschen mit Kindern und ohne erheblich unterscheidet und Eltern eine um knapp 10 Stunden höhere Arbeitsbelastung haben. »Eltern zwischen 18 und 64 Jahren in Alleinerziehenden- und Paarhaushalten arbeiteten im Durchschnitt gut 58 Stunden je Woche. Das waren über 9,5 Stunden mehr als bei Paaren ohne Kind und Alleinlebenden derselben Altersgruppe (48,5 Stunden).« (Ebd.) Die Erhebung zeigt weiter, dass Mütter pro Woche 15 Stunden mehr unbezahlte Haus- und Sorgearbeit und 7 Stunden weniger Erwerbsarbeit leisten als Frauen ohne Kinder, und dass Väter pro Woche 4 Stunden mehr unbezahlte Haus- und Sorgearbeit und 7 Stunden mehr Erwerbsarbeit leisten als Männer ohne Kinder. Schaut man auf die Arbeitsteilung zwischen den Geschlechtern, so zeigt die Erhebung, dass Mütter immer noch wesentlich mehr unbezahlte Haus- und Sorgearbeit leisten als Väter. Sie zeigt aber auch, dass Väter genau wie Mütter deutlich mehr arbeiten als Menschen ohne Kinder.

Verschiedene Studien beschreiben, was die Belastungen ausmachen. Der Siebte Familienbericht (BMFSFJ 2006) stellt fest, dass die Mehrzahl der Familien Unterstützungsangebote braucht, und viele Familien unter sozio-ökonomischen prekären Lebensbedingungen agieren (ebd.). Die Sinus-Studie »Eltern unter Druck« (Merkle u.a. 2008: 3) benennt als zentrale Belastungen Bildungs-, Erziehungs- und finanziellen Druck sowie die Schwierigkeit, Familie und Beruf zu vereinbaren. Jurczyk u.a. (2009) betonen als neue Belastung das schwierige »Grenzmanagement«, das Familien zur parallelen Erfüllung von Flexibilitäts- und Fürsorgeanforderungen leisten müssen. Auf die neuen Anforderungen im Erwerbs- und Familienbereich reagieren Familienakteure mit neuen Umgangspraktiken. Der Siebte Familienbericht (BMFSFJ 2006: 92f.) verweist auf Entlastungsstrategien vor dem Hintergrund der zunehmenden Erwerbsbeteiligung wie Technisierung von Hausarbeit, die Nutzung familialer Netzwerke und bezahlter Hilfen. Jurczyk u.a. (2009) betonen, dass Familienakteure zunehmend »kompensatorisch« handeln (müssen). Als Ressourcen der Handlungsfähigkeit werden ökonomische Ressourcen, mobilisierbare soziale Netzwerke vor Ort und persönliche Kompetenzen genannt, wobei insbesondere die persönlichen Kompetenzen hervorgehoben werden. Nach dieser Studie setzen effektive kompensatorische Umgangspraktiken ein gleichermaßen »gefestigtes, flexibles und widerständiges Selbstkonzept« voraus (ebd.: 337). Als besonders problematisch erweist sich die Selbstsorge, die einerseits zur Erhaltung der Arbeits- und Lebenskraft (zum Begriff siehe Jürgens 2006) immer wichtiger wird, die andererseits aber bei Personen mit Sorgeverpflichtungen für Kinder keine hohe Priorität hat (Jurczyk u.a. 2009: 332).

Die Belastungen wirken sich auf die Zufriedenheit von Eltern aus. So zeigte die Studie »Eltern unter Druck« schon vor etlichen Jahren, dass Elternschaft heute häufig als eine »einschränkende Lebensbedingung« erlebt wird (Merkle u.a. 2008: 3). Aber erst seit Erscheinen der Studie »#regretting motherhood« (Donath 2016) wird öffentlich viel über das Bereuen von Mutterschaft, aber auch unaufgeregter ganz allgemein über Unzufriedenheit von Müttern diskutiert. Die Gründe für Unzufriedenheit sind vielfältig. An dieser Stelle sei auf eine Studie von Pollmann-Schult (2013) hingewiesen, die die Lebenszufriedenheit von Menschen mit Kindern sowohl untereinander als auch mit Menschen ohne Kinder vergleicht. Die Ergebnisse zeigen, dass Eltern in der Summe zwar eine etwas höhere Lebenszufriedenheit haben als Menschen ohne Kinder, dass aber sowohl Mütter als auch Väter eine verringerte Zufriedenheit mit ihrer Freizeit, Väter darüber hinaus mit ihren sozialen Kontakten und Mütter mit ihrer Partnerschaft aufweisen. Interessant sind die Ergebnisse, wenn man Eltern untereinander vergleicht und auf die Kontextbedingungen schaut: Neben einer stabilen Partnerschaft sind ausreichend Geld und Zeit die wichtigsten Voraussetzungen für zufriedene Eltern. Eine beiderseitige Vollzeiterwerbstätigkeit beeinflusst die Lebenszufriedenheit von Eltern negativ, besonders die von Frauen. Während nichterwerbstätige und teilzeitbeschäftigte Frauen mit Kindern eine höhere Lebenszufriedenheit aufweisen als kinderlose Frauen mit vergleichbarem Erwerbsarbeitsstatus, ist es bei vollzeiterwerbsarbeitenden Frauen umgekehrt. Die Quintessenz dieser Studie ist: Kinder tragen zur Lebenszufriedenheit bei, wenn Eltern genug Geld und genug Zeit haben und zusätzlich in einer gut funktionierenden Partnerschaft leben. Alleinerziehende, vollzeiterwerbstätige Mütter und Eltern mit wenig Geld sind weitaus unzufriedener innerhalb der Gruppe der Eltern, aber auch im Vergleich zu Menschen ohne

Kinder. Negativ auf die Zufriedenheit von Eltern wirkt auch der grundsätzliche Bedeutungsverlust der familialen Care-Arbeit für Kinder. In unserer Studie zu den sozialen Praxen von Erwerbslosen (Carstensen u.a. 2012) zeigte sich, dass viele Erwerbslose ihren Alltag mit sinnstiftenden Tätigkeiten füllen, wobei ein Teil der Erwerbslosen diese Tätigkeiten als sinnvoller einstuft als Erwerbsarbeit. Dies sind insbesondere Tätigkeiten wie Schreiben eines Weblogs, Tätigkeiten im Verein oder beim Hobby. Sorgeverpflichtungen werden hingegen nicht als sinnvolle Alternative zu einer Erwerbsarbeit angesehen. Dass Erwerbsarbeit gesellschaftlich einen höheren Stellenwert als familiale Care-Arbeit hat, wird seit Jahrzehnten in der Geschlechterforschung betont und kritisch kommentiert. Dass aber familiale Care-Arbeit auch keine Aufwertung erfährt, wenn die Erwerbsarbeit fehlt, wohingegen Tätigkeiten am Weblog, im Verein oder im Hobby teilweise als sinnvoller als Erwerbsarbeit eingeschätzt werden, sollte zu denken geben. Hieraus kann geschlossen werden, dass sinn- oder identitätsstiftende Aufgaben auf gesellschaftspolitische oder individuelle Entwicklungsprozesse fokussieren, und familiale Care-Arbeit nicht als ein solcher Prozess gedeutet wird.

3.4 Zur Ungleichheit und Unterschiedlichkeit von Eltern

Wie in der Einleitung bereits dargestellt, wird zunehmend auf die wachsende soziale Ungleichheit der sozio-ökonomischen Rahmenbedingungen von Eltern verwiesen und zu Recht kritisiert. Mit den ungleichen familialen Rahmenbedingungen, unter denen familiale Care-Arbeit für Kinder stattfindet, beschäftigt sich sehr ausführlich Winker (2015). Sie konkretisiert und systematisiert diese Ungleichheit, indem sie vier Reproduktionsmodelle auf der Basis unterschiedlicher sozio-ökonomischer Bedingungen unterscheidet, und dies ohne zu vernachlässigen, dass alle Reproduktionsmodelle einem Mangel ausgesetzt sind. Unterschieden werden das ökonomisierte, das paarzentrierte, das prekäre und das subsistenzorientierte Reproduktionsmodell. Diese Modelle unterscheiden sich erheblich im Hinblick auf die zur Verfügung stehenden finanziellen und zeitlichen Ressourcen, sind aber alle auf die eine oder andere Art und Weise »übermäßige[n] Anforderungen« ausgesetzt (ebd.: 68). Im Folgenden werden die Reproduktionsmodelle kurz skizziert: Unter dem ökonomisierten Reproduktionsmodell fasst Winker »alle Familien, in denen Erwerbstätige unbefristet und vollzeitbeschäftigt in sozial abgesicherten Normalarbeitsverhältnissen tätig sind, sofern deren verfügbares Familieneinkommen 120 % des mittleren Nettoäquivalenzeinkommens übersteigt.« (Ebd.: 58) Sie ordnet 13,8 % aller Familien mit minderjährigen Kindern diesem Modell zu (ebd.: 61). Es besteht eine hohe Fixierung auf Erwerbsarbeit und die familiale Care-Arbeit für Kinder wird zum Teil ökonomisiert und an meist unterbezahlte und sozial wenig abgesicherte, oft migrantische und meist weibliche Care-Beschäftigte abgegeben. Winker betont, dass dieses Modell seit ca. 10 Jahren einseitig von der bundesdeutschen Familienpolitik unterstützt wird, denn diese Eltern profitieren am meisten vom Elterngeld und von der zur Verfügung stehenden Betreuungsinfrastruktur. Aber diese Eltern sind trotz der familienpolitischen Begünstigungen hohen Anforderungen ausgesetzt, die ihre Ursache vorwiegend in einem Mangel an Familienzeit haben. Im paarzentrierten Reproduktionsmodell befinden sich Familien, in denen »idealtypisch zwei Elternteile aktiv erwerbstätig [sind], allerdings nur einer, meist der Mann, in Vollzeit, während die andere, meist die Frau, Teilzeit beschäftigt ist« (ebd.: 61), und die ein Nettoäquivalenzeinkommen zwischen 120 % und 80 % des Medians haben. Winker verortet 38 % aller Familien mit minderjährigen Kindern in dieses Modell (ebd.: 63). Ein Teil der Familie, meist die Frau, legt den Schwerpunkt auf die unbezahlte familiale Care-Arbeit und ist somit ökonomisch auf den Partner, meist den Mann, angewiesen. Dieses Modell erinnert an das fordistische Ernährermodell, mit dem Unterschied, dass es heute keinen Familienlohn und keine langfristige finanzielle Absicherung bei einer Trennung mehr gibt. Der care-arbeitende Partner lebt in finanzieller Abhängigkeit vom erwerbsarbeitenden und ist bei einer Trennung hohen finanziellen Verlusten ausgesetzt. Knapp 29 % aller Familien mit minderjährigen Kindern leben nach Winker (ebd.: 65) in einem prekären Reproduktionsmodell. Sie leben mit einem Einkommen, das nur 60 % bis 80 % des mittleren Nettoäquivalenzeinkommens ausmacht. Diese Familien leben unter der Doppelbelastung aus Erwerbsarbeit und familialer Care-Arbeit, sind aber nicht in der Lage, sich über ihre Erwerbsarbeit eine stabile existenzsichernde Perspektive zu schaffen. Sie stehen unter einem enormen Leistungsdruck, da sie alles versuchen, um die Zone der Prekarität zu verlassen, und gleichzeitig erwerbsarbeiten und ihre Kinder versorgen. Im subsistenzorientierten Reproduktionsmodell sinkt das Einkommen noch weiter, hier verortet Winker (ebd.: 66) Familien, die auf Harz IV angewiesen sind. 19,4 % aller Familien mit minderjährigen Kindern leben nach Winkers Berechnungen subsistenzorientiert mit nur 60 % und darunter des mittleren Nettoäquivalenzeinkommens. Zur finanziellen Not kommt die soziale Abwertung durch eine Gesellschaft, in der nur Erwerbsarbeit zählt. Insgesamt ist die gesellschaftliche Teilhabe stark eingeschränkt. Viele dieser Menschen haben Probleme, ihre Arbeitskraft zu verkaufen, beispielweise wegen Krankheit oder unpassender Bildungsabschlüsse oder wegen zeitlicher Inflexibilität aufgrund von alleiniger Versorgung von Kindern oder Pflegebedürftigen.

Auch das unterschiedliche Care-Handeln von Eltern wird in Studien benannt und zum Teil auch zur Ungleichheit in Beziehung gesetzt. Merkle u.a. (2008: 7f.) beschreiben eine Spirale der wachsenden Ungleichheit, indem sie betonen, dass Eltern nicht als Solidargemeinschaft auftreten, sondern im Gegenteil durch unterschiedliche Versorgungs- und Erziehungspraktiken »parallele Kinderwelten« und darüber eine »neue Art von Klassengesellschaft« ausformen. Anderson (2006) benennt die Abhängigkeit der definierten Aufgaben vom Status des Haushalts und damit die Ungleichheit des Care-Handelns sogar als ein Kennzeichen von familialer Care-Arbeit. Mehrere Studien nähern sich dem Thema der Differenz im Care-Handeln von Eltern, ohne die Ungleichheit der sozio-ökonomischen Bedingungen ins Zentrum zu stellen. Diese Studien arbeiten verschiedene Typologien von Eltern heraus. So identifizieren Ludwig u.a. (2002) fünf Strategietypen erwerbstätiger Mütter, um Unterstützung in ihrem Alltag zwischen Familie und Erwerb zu realisieren. Die Strategien werden differenziert in erstens sozialstaatliche Unterstützung, zweitens soziale Netze als Unterstützung, drittens Beteiligung des Partners an der Familienarbeit, viertens flexible Erwerbsarbeit und fünftens bezahlte Dienstleistungen als Unterstützung. Borgstedt und Wippermann (2010: 16, zitiert in Alt/Lange 2012: 112) erarbeiten eine Typologie des Familienmanagements auf der Basis des Sinus-Milieus entlang der Dimensionen Aufstiegsorientierung und subjektiver Handlungsspielraum. Die Autor*innen unterscheiden fünf Typen von Familienmanagerinnen: selbstbewusste Kämpferinnen, optimistische Status-Strateginnen, bestandsbewahrende Taktikerinnen, verunsicherte Jongleurinnen und selbstlose Verwalterinnen. Eine Studie zur Arbeit von SOS-Kinderdorfmüttern erarbeitet länderspezifische Typologien von Selbstverständnissen dieser beruflich organisierten Mütter (Speck 2014). Für SOS-Kinderdorfmütter in Österreich arbeitet die Autorin beispielsweise drei Selbstverständnisse von beruflich organisierten Müttern heraus: die ganz normale Mutter, die Professionelle und die Selbstverwirklichte. Von besonderer Bedeutung ist an dieser Stelle der Zusammenhang der verschiedenen Selbstverständnisse mit dem subjektiven Belastungsempfinden. Die Studie arbeitet heraus, dass die SOS-Kinderdorfmütter, die der Gruppe der Selbstverwirklichten angehören, die hohen Belastungen der Arbeit am besten bewältigen können. Daraus lässt sich schließen, dass gefühlte Selbstverwirklichung eine entlastende Wirkung hat und quasi eine Art Belastungspuffer darstellt.

3.5 Zwischenfazit

Festzuhalten ist, dass die Tätigkeiten von Eltern eine Arbeit der eigenen Art sind und somit als eigenständiger Forschungsgegenstand betrachtet werden können. Die bisherigen Forschungsergebnisse zu den besonderen Kennzeichen verweisen zusammenfassend auf vier wesentliche Merkmale: sorgend, interaktiv, unentgeltlich und selbst-organisiert. Auf diese wesentlichen Kennzeichen verweist die vorliegende Studie bereits im gewählten Forschungsbegriff: familiale Care-Arbeit für Kinder, wobei familial auf das unentgeltliche sowie selbst-organisierte und Care auf das sorgende, interaktive Tätigsein verweist. Festzuhalten ist auch der Wandel der Arbeit von Eltern. So ist insbesondere die zur Verfügung stehende Familienzeit gesunken, während die Anforderungen der Aufgabe gestiegen sind. Studien belegen die damit verbundenen gestiegenen Belastungen von Eltern und die negativen Auswirkungen auf ihre Zufriedenheit. Sie verweisen darauf, dass Eltern zunehmend kompensatorisch handeln müssen und zunehmend individuelle Kompetenzen eine große Rolle spielen. Obwohl grundsätzlich alle Eltern mangelhaften Rahmenbedingungen ausgesetzt sind, existiert eine große und eher noch wachsende Ungleichheit zwischen Eltern bezüglich ihrer sozio-ökonomischen Bedingungen, die sich auch in unterschiedlichen Graden an elterlicher (Un)Zufriedenheit manifestiert.

Die bisherigen Forschungserkenntnisse lassen sich zu folgendem Vorverständnis des Forschungsgegenstands verdichten, das die theoretische Perspektive und damit die konkreten Forschungsfragen, die anschließend in Kapitel 4 näher ausgeführt werden, bestimmt:

- Familiale Tätigkeiten für Kinder sind Arbeit. Diese Arbeit ist eine Arbeit der eigenen Art und mit hohen Anforderungen verbunden.

- Familiale Tätigkeiten für Kinder werden heute unter mangelhaften, aber auch sozio-ökonomisch sehr unterschiedlichen Rahmenbedingungen realisiert.

Diese Studie knüpft mit ihren konkreten Fragen an dieses Vorverständnis an, mit dem Ziel über dieses Vorverständnis hinausgehend die Art und das Anforderungsprofil von familialer Care-Arbeit für Kinder tiefer zu begreifen und die Vielfalt ihrer Realisierung in einer Typologie des Care-Handeln zu verdeutlichen. Dabei soll auch auf einen möglichen Zusammenhang zwischen dem Care-Handeln und den sozio-ökonomischen Bedingungen hingewiesen werden.

4. Theoretische Perspektive und Forschungsfragen

Der zentrale theoretische Analyserahmen der vorliegenden Studie ist das erweiterte arbeitssoziologische Konzept des Arbeitshandelns (Böhle 2010). Aus diesem Konzept wurden zentrale Dimensionen von Arbeit abgeleitet, an den Bereich der familialen Care-Arbeit für Kinder angepasst und daraus Forschungsfragen entwickelt. Im Folgenden werden zunächst in Kapitel 4.1 das Konzept des Arbeitshandelns sowie die Anpassung an das Forschungsfeld beschrieben und anschließend in Kapitel 4.2 die daraus abgeleiteten konkreten Forschungsfragen vorgestellt. Abschließend werden in Kapitel 4.3 die theoretische Perspektive und das Forschungsinteresse der vorliegenden Studie zusammengefasst.

4.1 Das Konzept des Arbeitshandelns und die Anpassung an den Bereich der familialen Care-Arbeit für Kinder

Einen geeigneten theoretischen Rahmen, um Arbeitstätigkeiten zu analysieren, bietet das erweiterte arbeitssoziologische Konzept des Arbeitshandelns (Böhle 2010). Mit der Integration von neuen Entwicklungen und Konzepten in das traditionelle arbeitssoziologische Konzept des Arbeitshandelns ist das ehemals sehr begrenzte Verständnis von Arbeit erweitert worden. Während das traditionelle Konzept Arbeit auf instrumentell-gegenstandsbezogenes und planmäßig-rationales Handeln beschränkte, wird im erweiterten Konzept ergänzend auch situatives, erfahrungsgeleitet-subjektivierendes, interaktives und kooperatives Handeln als Arbeit verstanden. Durch diese Erweiterungen können auch nichterwerbsförmige Tätigkeiten angemessener als Arbeit verstanden und analysiert werden.[1] Böhle (2010: 156) verweist im Zusammenhang mit der Erweiterung des Arbeitsbegriffs aber auch auf die Notwendigkeit einer Unterscheidung zwischen Arbeit und Nicht-Arbeit, um einer Beliebigkeit der Entgrenzung von Arbeit entgegenzuwirken (dies betonte schon Resch 1999; auch Voß 2010). Im erweiterten Konzept des Arbeitshandelns wird Arbeit als ein Handlungsprozess verstanden, der

1. auf einen außerhalb des Handelns liegenden Zweck gerichtet ist, Objekte verändert und gestaltet sowie gesellschaftlich vermittelt ist,
2. verschiedene Handlungsstrukturen aufweisen kann (routinisierte, planmäßige, rationale, erfahrungsgeleitet-subjektivierende),
3. verschiedene Handlungsformen aufweisen kann (geistig-intellektuelle, körperlich-praktische, emotionale, interaktive),
4. arbeitsteilig und damit in Kooperation stattfindet,
5. unter Verwendung von Arbeitsmitteln und Fähigkeiten zur Unterstützung und Erweiterung von Handlungsmöglichkeiten ausgeführt wird und
6. Wirkungen auf die arbeitende Person hat.

Diese Beschreibung verweist auf sechs zentrale Dimensionen von Arbeit. Die vorliegende Studie geht davon aus, dass mit Bezugnahme auf diese Dimensionen und unter Berücksichtigung der Notwendigkeit der Unterscheidung zwischen Arbeit und Nicht-Arbeit neue Fragen an die familiale Care-Arbeit für Kinder gestellt werden, und die Antworten neue Facetten des familialen Care-Handelns für Kinder aufzeigen können. Im Folgenden wird beschrieben, welche Bedeutungen die verschiedenen Dimensionen im Konzept des Arbeitshandelns und damit in der Analyse von Erwerbsarbeit haben, und

---

1 Zu Recht kritisierte die Geschlechterforschung, dass wichtige gesellschaftliche Arbeiten wie beispielsweise Familienarbeit mit dem traditionellen Konzept des Arbeitshandelns nicht erfasst werden können. Sie bemängelte im Wesentlichen zwei Engführungen, nämlich die Fokussierung der Handlungsstruktur auf planmäßiges Handeln (bspw. Bock/Duden 1977) und die Vernachlässigung bestimmter Handlungsformen wie beispielsweise Gefühls- und Emotionsarbeit (bspw. Hochschild 1983, 1990). Diese Engführungen bestehen mit den genannten Erweiterungen heute allerdings nicht mehr, was auch ein Verdienst der Geschlechterforschung ist. Im erweiterten Konzept des Arbeitshandelns sind sowohl Gefühls- und Emotionsarbeit als auch situative Handlungsformen wie das von Böhle (2010) erforschte erfahrungsgeleitet-subjektivierende Handeln integriert.

welche Anpassungen an das Feld der familialen Care-Arbeit für Kinder sinnvoll sind, um erkenntnisfördernde Fragen an das Feld der familialen Care-Arbeit für Kinder abzuleiten.

Zum Zweck

Das Konzept des Arbeitshandelns betont, dass Arbeit auf einen außerhalb des Handelns liegenden Zweck gerichtet ist. In der familialen Care-Arbeit für Kinder liegt der Zweck des Handelns in der Versorgung der Kinder.[2] Wobei der gesellschaftliche Nutzen als deutlich höher einzuschätzen ist als in etlichen Bereichen der Erwerbsarbeit. Gemeint sind Bereiche, in denen der Nutzen primär in der Schaffung von Erwerbsarbeitsplätzen liegt, und die ansonsten vielerlei sozialen und ökologischen Schaden anrichten. Der Zweck sagt allerdings noch nichts darüber aus, was Eltern genau machen. Gerade vor dem Hintergrund, dass die Aufgaben von Eltern nicht genau bestimmt sind und auch sehr unterschiedlich definiert werden (Anderson 2006), ist es wichtig nach den verrichteten Tätigkeiten zu fragen. Und zwar nicht isoliert, sondern eingebettet in die Frage, was Eltern wollen, d.h. welche Ziele Eltern haben. Während Tätigkeiten beschreiben, was Eltern tatsächlich machen, verweisen die Ziele darauf, was Eltern in ihrem Handeln antreibt, und was sie besonders stark belastet, wenn es sich nicht realisieren lässt. Aus der im Konzept des Arbeitshandelns formulierten Dimension des Zwecks wird für den Bereich der familialen Care-Arbeit für Kinder die Frage abgeleitet, welche Tätigkeiten Eltern verrichten und welche Ziele sie dabei verfolgen.

Zur Handlungsstruktur

Im Konzept des Arbeitshandelns und entsprechend in der arbeitssoziologischen Analyse von Erwerbsarbeit ist die Handlungsstruktur eine zentrale Dimension von Arbeit. Unterschieden werden grundlegende drei Arten von Handlungsstrukturen: das routinisierte, das planmäßig-rationale und das erfahrungsgeleitet-subjektivierende[3] Handeln, welches insbesondere bei

2 Resch (1999: 110ff.) hat schon sehr früh eine Methode zur Arbeitsanalyse im Haushalt entwickelt. Als Arbeit im Haushalt definiert Resch häusliche Tätigkeiten, die einen über die eigentliche Tätigkeit hinausgehenden Zeck verfolgen.

3 Im erfahrungsgeleitet-subjektivierenden Arbeitshandeln sind Planung und Ausführung untrennbar miteinander verwoben, denn erst im praktischen Tun werden Vorgehensweisen explorativ und angepasst an das Verhalten des Gegenübers (auch bei Maschinen) realisiert.

interaktiver Arbeit eine große Rolle spielt (Böhle 2009, 2010, 2011). Im Bereich der familialen Care-Arbeit für Kinder gibt es bisher kaum Untersuchungen dieser Dimension und wenn, dann vor allem bezogen auf das schwierige Grenzmanagement zwischen Erwerbs- und Familienzeit. Durch Studien ist zwar bekannt, dass die meisten Eltern die Knappheit der Familienzeit sehr belastet (beispielsweise Merkle u.a. 2008; Jurczyk 2009) und sich etwa zwei Drittel der Väter und ein Drittel der Mütter mehr Zeit für ihre Kinder wünschen (BMFSJF 2012: 45), weniger bekannt ist aber, wie die zur Verfügung stehende Familienzeit handelnd strukturiert wird. Die vorliegende Studie geht davon aus, dass nicht nur die Menge der zur Verfügung stehenden Familienzeit, sondern auch die individuelle Strukturierung dieser Zeit und der darin stattfindenden Handlungen einen großen Einfluss auf das familiale Care-Handeln für Kinder haben. Studien zur Alltäglichen Lebensführung zeigen, dass die Strukturierung von Zeit und Handlungen in Bereichen, die weitgehend selbst strukturiert werden müssen, eine hohe Anforderung und eine aktive Leistung darstellt. »Routinen, Regelmäßigkeiten, Tätigkeitsstrukturen« müssen immer mehr in Eigenregie aktiv hergestellt werden, seit sich traditionelle Strukturen gesellschaftlicher Institutionen auflösen (Voß 1995: 31).[4] Anknüpfend an die Dimension der Handlungsstruktur im Konzept

4 Jurczyk/Voß (1995) unterscheiden drei grundlegende Idealtypen der Lebensführung: traditionelle, strategische und situative Lebensführung. Die traditionelle Lebensführung ist bestimmt von eingespielten und selbstverständlichen Routinen und einer klaren Trennung zwischen Erwerbsarbeitszeit und Zeiten für andere Tätigkeiten. Das Leben ist primär geprägt durch ein Aufrechterhalten von gewohnten Tätigkeiten und Rhythmen. Dagegen geht es bei den anderen beiden Idealtypen eher um eine kontinuierliche Veränderung der Lebensbedingungen und/oder Entwicklung der Persönlichkeit. So verfolgt die strategische Lebensführung einen individuellen Lebensentwurf und ist gekennzeichnet durch Zielformulierungen und dezidierte Handlungs- und Zeitpläne. Angestrebt wird eine Optimierung des Alltags, um die eigenen Ziele zu erreichen. Die Abgrenzung zwischen Erwerbsarbeitszeiten und den Zeiten für andere Tätigkeiten ist nicht mehr selbstverständlich, wird aber beibehalten und zwar durch ein reflexiv-aktives Grenzmanagement. Die situative Lebensführung ist zwar ebenfalls zielgerichtet und damit rational, aber deutlich weniger geplant. Sie stellt sich auf Unbestimmtheiten ein und pflegt einen eher offenen Umgang mit der Zeit. Dabei vertraut die handelnde Person weniger auf Werte und Normen wie Menschen, die ihr Leben traditionell führen, und auch weniger auf Handlungs- und Zeitpläne wie bei der strategischen Lebensführung, sondern eher auf die eigenen Fähigkeiten zum richtigen Umgang mit Gelegenheiten. Auch eine strikte Trennung von Erwerbsarbeitszeit und Zeiten für die anderen Lebensbereiche ist nicht mehr gegeben. Die Zeitzonen verwischen und haben keine klaren Grenzen mehr.

des Arbeitshandelns stellt diese Studie die Frage, wie Eltern ihre Familienzeit handelnd strukturieren, und welche Rolle dabei insbesondere Routinen, vorausschauende Handlungen und spontane Handlungen spielen.

Zur Handlungsform

Im erweiterten Konzept des Arbeitshandelns werden verschiedene Handlungsformen wie geistig-intellektuelle, körperlich-praktische, emotionale und interaktive Handlungsformen unterschieden und in das Arbeitsverständnis integriert. Dabei wurden einige Handlungsformen erst sehr spät als Arbeit anerkannt. So wurde erst Jahrzehnte später an Erkenntnisse der Frauenforschung zur Familienarbeit angeknüpft und Arbeit am und mit Menschen als interaktive Arbeit in das erweiterte Konzept des Arbeitshandelns integriert. (bspw. Weihrich/Dunkel 2003; Dunkel/Voß 2004; Voswinkel 2005; Böhle/Glaser 2006; Hacker 2009; Dunkel/Weihrich 2010). Interaktive Arbeit zeichnet sich dadurch aus, dass der Arbeitsgegenstand Mensch anders als Güter kein passives Objekt ist, sondern als Koproduzent (Weihrich/Dunkel 2003; Böhle/Glaser/Büssing 2006; Hacker 2009) eine eigene Dynamik in den Arbeitsprozess hineinträgt. Darüber hinaus wird die hohe Komplexität als besonderes Kennzeichen von interaktiver Arbeit angesehen und in diesem Zusammenhang die entlastende bzw. sogar notwendige Funktion von Routinen und Faustregeln betont (Hacker 2009: 84ff.; vgl. auch Voß/Weihrich 2001: 208). Interaktionen mit dem Kind spielen in der familialen Care-Arbeit für Kinder eine zentrale Rolle. Sie werden unter den Begriffen Beziehung und Erziehung gesellschaftlich breit diskutiert. Es gibt zahlreiche Forschungen, die auf hohe Belastungen, besonders im Bereich der Erziehung, hinweisen (bspw. BMFSFJ 2006; Merkle u.a. 2008; Jurczyk u.a. 2009; Techniker Krankenkasse 2016). Die hohen Anforderungen an Eltern in diesem Bereich lassen sich nicht zuletzt an der Flut von Ratgebern in Form von Büchern, Elternschulen, Elternbriefen[5], Elternführerscheinen etc. erkennen. Anknüpfend an die Dimension der Arbeitsformen im Konzept des Arbeitshandelns und speziell an die Erkenntnisse zur interaktiven Arbeit stellt diese Studie die Frage, welche zentralen Interaktionsformen Eltern im Umgang mit ihren Kindern entwickeln, und ob und ggf. wie die jeweiligen

5 In Hamburg können beispielsweise Elternbriefe über die Bezirksämter der Hansestadt Hamburg kostenlos angefordert werden. Diese werden vom Arbeitskreis Neue Erziehung e.V. herausgegeben und informieren in erster Linie über Wissen zur Erziehung von Kindern.

Interaktionsformen durch komplexitätsreduzierende Routinen und Faustregeln unterstützt werden.

Zur Kooperation

Im Konzept des Arbeitshandelns ist Arbeitsteilung und damit Kooperation ein Bestandteil von Arbeit. Im Bereich der Erwerbsarbeit werden Kooperationen schon seit Längerem beachtet und beforscht: Je nach Perspektive werden Kooperationen als Arbeitsaufgabe, als Anforderung und oder auch als Ressource betrachtet. Der produktive Umgang mit Kooperationspartner*innen wird darüber hinaus als eine zentrale Kompetenz in vielen Erwerbsarbeitsbereichen angesehen (bspw. Endres/Wehner 1996). Arbeitsteilung und damit Kooperationen mit unterstützenden Institutionen und Personen spielen heute auch in der familialen Care-Arbeit für Kinder eine bedeutsame Rolle. Während der Umgang mit dem Kind im öffentlichen Diskurs große Beachtung findet, wird der Umgang mit unterstützenden Institutionen und Personen bisher wenig diskutiert. Das sieht man auch daran, dass sich Beratungs- und Schulungsangebote meist auf den Bereich der Interaktion mit dem Kind konzentrieren, und der Bereich der Kooperation mit unterstützenden Institutionen und Personen kaum abgedeckt wird. Diese Studie berücksichtigt, dass die Versorgung von Kindern heute eine hochgradig arbeitsteilige Angelegenheit ist, und es eine Vielzahl an Personen und Institutionen gibt, die direkt oder indirekt an der Care-Arbeit für Kinder beteiligt sind. Sie geht davon aus, dass unterstützende Institutionen und Personen für Eltern eine wichtige – sowohl entlastende als auch belastende – Rolle spielen. Anknüpfend an die Dimension der Kooperation im Konzept des Arbeitshandelns und an die hohe Bedeutung der Arbeitsteilung in der heutigen Versorgung der Kinder wird in dieser Studie nach der Anzahl, aber auch nach der Qualität der Kooperationen gefragt, die Eltern im Hinblick auf die Versorgung ihrer Kinder eingehen (müssen).

Zu den Mitteln zur Unterstützung und Erweiterung von Handlungsmöglichkeiten

Im Konzept des Arbeitshandelns ist die Verwendung von Mitteln zur Handlungserweiterung ein wesentlicher Bestandteil, wobei explizit Fähigkeiten und Arbeitsmittel genannt werden. Diese Studie geht davon aus, dass auch Eltern zur Bewältigung der Anforderungen ihrer familialen Care-Arbeit für Kinder Fähigkeiten und Arbeitsmittel nutzen und einbringen. Die vorliegende Studie fasst diese Mittel unter den Begriff der Ressourcen[6]. Dass Eltern vielerlei Ressourcen einbringen, wird im öffentlichen Diskurs eher wenig und vor allem wenig differenziert diskutiert. Besonders die Perspektive auf die Fähigkeiten von Eltern ist nicht zuletzt auch deshalb wichtig, weil dadurch besonders gut das Anforderungsprofil der familialen Care-Arbeit für Kinder sichtbar gemacht werden kann. Neben Fähigkeiten und Arbeitsmitteln fragt diese Studie ergänzend auch nach Kraftquellen. Kraftquellen sind Ressourcen, die mentale Kraft spenden.[7] Dadurch soll der in zahlreichen Studien nachgewiesenen Tatsache Rechnung getragen werden, dass Elternschaft viel Kraft kostet und Eltern oft am Rande der Erschöpfung agieren (Lutz 2012). Anknüpfend an erstens die Dimension der Mittel zur Handlungserweiterung im Konzept des Arbeitshandelns und an zweitens die Forschungsergebnisse zur Erschöpfung von Eltern fragt diese Studie nach den drei persönlichen Ressourcen: Fähigkeiten, Arbeitsmittel und Kraftquellen. Diese werden im Folgenden nacheinander näher erläutert.

Im Bereich der Erwerbsarbeit sind Fähigkeiten bzw. Kompetenzen[8] zentral: beispielsweise für die Stellenbeschreibungen, die Entlohnung, die Personalauswahl, die Personalbeurteilung und die Personalentwicklung. Fähigkeiten bzw. Kompetenzen von Eltern werden dagegen bisher eher wenig diskutiert und sind weitgehend unsichtbar. Die Studie geht davon aus, dass Fähigkeiten bzw. Kompetenzen auch in der familialen Care-Arbeit für Kinder sehr bedeutsam sind: als Teil der Ressourcen zur Bewältigung der Anfor-

6 Unter Ressourcen verstehe ich in Anlehnung an Zapf und Semmer (2004: 1042) »Mittel, die eingesetzt werden können, um Anforderungen zu bewältigen«. Anzumerken ist, dass generell zwischen umweltbezogenen Ressourcen wie organisationalen Ressourcen oder sozialer Unterstützung und personenbezogenen Ressourcen unterschieden wird (bspw. Holohan et al. 1997). In diesem Kapitel geht es um die personenbezogenen Ressourcen. Zentrale umweltbezogene Ressourcen wie Zeit, Geld und institutionelle Unterstützung finden an anderen Stellen Berücksichtigung.

7 Der Begriff Kraftquellen wurde übernommen aus einem Forschungsprojekt zu kraftspendenden Ressourcen in der Pflege. Er fokussiert darauf, dass die negativen Wirkungen von belastenden Situationen (Stressoren) durch Aktivierung von Ressourcen, die mentale Kraft spenden, verringert werden können (Kumbruck/Derboven 2009, 2013: 6).

8 Fähigkeiten und Kompetenzen werden in dieser Studie als synonyme Begriffe genutzt. Aus Gründen der besseren Verständlichkeit und in Anlehnung an das Konzept des Arbeitshandelns wurde in den Interviews der Begriff der Fähigkeit genutzt. In der Darstellung der Ergebnisse wird dagegen der Begriff der Kompetenz genutzt, weil er geeigneter ist, einen Vergleich mit der Erwerbsarbeitssphäre herzustellen.

derungen[9] und ebenso zur Sichtbarmachung des hohen Anforderungsprofils der familialen Care-Arbeit für Kinder.[10] Obwohl es eine Vielzahl unterschiedlicher Definitionen von Kompetenz gibt, wird von allen geteilt, dass Kompetenz als »die Entwicklung eines Potentials zum selbstständigen Handeln in unterschiedlichen Gesellschaftsbereichen« definiert wird (Arnold 2001: 176). Nach Erpenbeck und Rosenstiel (2003: XI) zielt der Kompetenzbegriff auf die Fähigkeit, in offenen Situationen selbstständig handlungsfähig zu sein. Mit diesem Fokus ist er ein angemessener Begriff für den Bereich der familialen Care-Arbeit für Kinder, da familial Care-Arbeitende grundsätzlich vor der Anforderung stehen, in offenen Situationen selbstständig handlungsfähig zu sein. Es gibt eine Vielzahl von Kompetenzmodellen, in denen grundlegende Kompetenzbereiche unterschieden werden.[11] Einigkeit besteht darin, dass Kompetenzen in konkreten Situationen erworben und stetig weiterentwickelt werden (Erpenbeck/Sauter 2007). Dies ist ein wichtiger Aspekt auch für den Bereich der familialen Care-Arbeit für Kinder. Entsprechend kann davon ausgegangen werden, dass Eltern Kompetenzen nicht nur als bereits vorhandene Ressourcen einbringen, sondern darüber hinaus Kompetenzen auch durch die aktive Elternschaft erwerben bzw. weiterentwickeln. Das bedeutet – und dies ist wichtig zu betonen –, dass der gesellschaftliche Nutzen

9 Die Nähe des Ressourcenbegriffs zum Kompetenzbegriff wird vielfach betont (bspw. Lang von Wins/Triebel 2006).

10 Für eine angemessene gesellschaftliche Anerkennung und Würdigung von familialer Care-Arbeit für Kinder ist es wichtig, die eingebrachten und sich entwickelnden Fähigkeiten bzw. Kompetenzen sichtbar zu machen. Dadurch wird deutlich, um welch anspruchsvolle Arbeit es sich handelt. Im wissenschaftlichen Diskurs werden Kompetenzen von Eltern teilweise als die Kern-Kompetenzen zukünftiger Erwerbsarbeit diskutiert. So sehen einige Wissenschaftler*innen die Mutterrolle mit ihrem spezifischen Anforderungs- und Kompetenzprofil als Modell, um sich abzeichnende Veränderungen in der Rolle von Arbeitnehmer*innen in zukünftigen Erwerbsarbeitsformen aufzuzeigen (Speck 2014).

11 Verbreitet ist der Kompetenzatlas von Heyse und Erpenbeck (2004), der vier Grundkompetenzen formuliert: sozial-kommunikative Kompetenz (Umgang mit Anderen), personale Kompetenz (Umgang mit sich selbst), Fach- und Methodenkompetenz (Umgang mit sachlich-gegenständlichen Problemen) und Aktivitäts- und Handlungskompetenz (Fähigkeit, Handlungsabsichten aktiv umzusetzen). Eine Ordnung entlang ähnlicher Kompetenzbereiche findet sich auch in anderen verbreiteten Modellen: So werden im sehr verbreiteten Kasseler-Kompetenz-Raster (Kauffeld u.a. 2003) Fachkompetenz, Methodenkompetenz, Sozialkompetenz und Selbstkompetenz als Kompetenzbereiche definiert.

aktiver Elternschaft nicht nur in der Versorgung von Kindern liegt, sondern auch im individuellen und kollektiven Fähigkeits- bzw. Kompetenzerwerb.[12]

Arbeitsmittel spielen in der arbeitssoziologischen Analyse von Erwerbsarbeit und auch im Konzept des Arbeitshandelns eine wichtige Rolle. Arbeitsmittel werden im Konzept des Arbeitshandelns als Mittel zur Erweiterung der Handlungsfähigkeit, also als eine Ressource angesehen. Der Begriff Arbeitsmittel bringt aber auch zum Ausdruck, dass Arbeitshandlungen oft nicht direkt, sondern vermittelt über Werkzeuge realisiert werden.[13] Arbeitsmittel spielen damit auch eine zentrale Rolle bei der Vergesellschaftung und Entwicklung von Arbeit.[14] Sie vermitteln zwischen Individuum und Gesellschaft und stoßen zirkuläre Entwicklungsprozesse an. Durch die Entwicklung von Arbeitsmitteln verändern sich Arbeitsumwelten, Tätigkeiten und Kompetenzen der Arbeitenden, was wiederum eine Weiterentwicklung der Arbeitsmittel zur Folge hat. Der zirkuläre Prozess aus individueller Aneignung von Arbeitsmitteln und Weiterentwicklung der Arbeitsmittel durch Einschreibungen von Umgangsweisen trägt zum Wandel sowohl von

---

12 In einem Forschungsprojekt im Rahmen des Programms der Europäischen Kommission für lebenslanges Lernen wurde ein Instrument entwickelt, um die in der unbezahlten Haus- und Sorgearbeit erworbenen Kompetenzen sichtbar und bewertbar zu machen. Entlang eines Portfolios können u.a. Eltern ihre im Familienleben erworbenen Fähigkeiten und Kompetenzen zunächst selbst reflektieren, dann von anderen bewerten und anerkennen lassen. Es werden vier Bereiche berücksichtigt, zu denen es jeweils detaillierte Listen mit möglichen Familienkompetenzen gibt: Beziehung zu Kindern, Erziehung und Betreuung von Kindern; Beziehung zu und Pflege von Partner*innen; Beziehung zu und Pflege von älteren Verwandten; allgemeine Kompetenzen. Ziel ist u.a. die Anerkennung von Qualifikationen aus der Familiensphäre in der Erwerbsarbeitssphäre. Mittels eines von einer externen Stelle ausgestellten Dokuments können Menschen ihre in unbezahlter Haus- und Sorgearbeit erworbenen Kompetenzen per Dokument nachweisen und für Bewerbungen in der Erwerbsarbeitswelt nutzen. www.dji.de/fileadmin/user_upload/bibs/869_FamCompass-DE.pdf [23.04.2019]

13 So werden Arbeitsmittel beispielsweise in der DIN EN ISO 6385:2004-05 definiert als »Werkzeuge, einschließlich Hardware und Software, Maschinen, Fahrzeuge, Geräte, Möbel, Einrichtungen und andere im Arbeitssystem benutzte (System-)Komponenten«. (Deutsches Institut für Normung e.V. (Hg.) 2004: 5).

14 So hat beispielsweise das Institut für Arbeits- und Berufsforschung (IAB) einen Ansatz zur Erforschung des beruflichen Wandels entwickelt, der die Erhebung und Analyse der Arbeitsmittel ins Zentrum stellt. In diesem »›Arbeitsmittel‹-Konzept« (Stooß/Troll 1988) werden Arbeitsmittel als besonders geeignet angesehen, um den Wandel von Tätigkeiten zu erfassen.

Erwerbsarbeit als auch von unbezahlter Haus- und Sorgearbeit bei.[15] Aufgrund der höheren Organisationsform ist diese Dynamik in Unternehmen sicherlich höher als in Familien, aber dennoch entwickeln sich auch in der familialen Care-Arbeit für Kinder Arbeitsmittel und Care-Handeln in einem zirkulären Prozess stetig weiter, und ein Wandel der Arbeitsmittel verweist auf einen entsprechenden Wandel der Tätigkeit. Die Frage nach Arbeitsmitteln in der familialen Care-Arbeit für Kinder beschränkt sich meist auf Haushaltsgeräte. Darüber hinausgehende Arbeitsmittel sind wenig erforscht und weitgehend eine diskursive Leerstelle. Die vorliegende Studie geht davon aus, dass über Haushaltsgeräte hinausgehende Arbeitsmittel eine wichtige Rolle in der familialen Care-Arbeit für Kinder spielen und das Care-Handeln von Eltern erleichtern, prägen, verändern und gleichzeitig vergesellschaften.

Zahlreiche Studien verweisen darauf, dass heutige Elternschaft viel Kraft kostet (Lutz 2012). Insofern liegt es nahe, über Fähigkeiten und Arbeitsmittel hinaus, auch nach Ressourcen zu fragen, die Kraft spenden. Nach Kraftquellen soll einerseits sehr offen gefragt werden, aber ohne andererseits bestehende Erkenntnisse zu vernachlässigen. In der Erwerbsarbeitsforschung wird der Zusammenhang zwischen Anerkennung und Engagement immer wieder betont. Studien zur Arbeitsmotivation kritisieren übereinstimmend die mangelnde Anerkennungs- und Wertschätzungskultur in Unternehmen. Sie führen geringes Engagement und auch gesundheitliche Beeinträchtigungen von Mitarbeitern und Mitarbeiterinnen zum großen Teil auf mangelnde Anerkennung und Wertschätzung zurück.[16] Anerkennung wird als wichtige Ressource in der Erwerbsarbeit angesehen, um ins engagierte Handeln zu kommen. Die vorliegende Studie geht davon aus, dass dies auch für die familiale Care-Arbeit gilt. Deshalb ist es sinnvoll, im Hinblick auf Kraftquellen zunächst explizit nach der erhaltenen Anerkennung zu fragen, und erst daran anschließend weitere Kraftquellen zu erheben.

---

15 Die Wechselwirkungen zwischen Arbeitsmittel und Tätigkeit sind sehr gut beschrieben in den tätigkeitstheoretischen Arbeiten der kulturhistorischen Schule (Leont'ev 1977; Vygotskij 2002).

16 Siehe beispielsweise die Analyse des Gallup Engagement Index Deutschland. Dieser Index wird seit 2001 jährlich ermittelt und interpretiert. www.gallup.de/183104/engagement-index-deutschland.aspx [24.04.2019]

Zu den Wirkungen auf die arbeitende Person

Das Konzept des Arbeitshandelns betont als eine Dimension von Arbeit auch die Wirkungen auf die arbeitende Person. Auch familiales Care-Handeln für Kinder hat wie jedes Arbeitshandeln Wirkungen auf die eigene Person. In der Arbeitsforschung spielen negative bzw. ungute Wirkungen – begrifflich gefasst als Belastungen, Beanspruchungen oder auch Stressoren – eine wichtige Rolle. Auch diese Studie schaut auf die unguten Wirkungen der Elternschaft und nutzt dafür den Begriff der Belastung. Anzumerken ist, dass die Frage nach den Belastungen nicht im Zentrum der Studie steht, sondern nur als ein Teilaspekt untersucht wird. Belastungen von Eltern sind intensiver beforscht als andere Dimensionen ihres familialen Care-Handelns. Dass ein Leben mit Kindern und paralleler Erwerbsarbeit ohne Stress kaum möglich ist und Menschen bis an ihre Grenzen der Belastbarkeit oder sogar darüber hinausbringt, belegen viele Studien (bspw. BMFSFJ 2006; Merkle u.a. 2008; Jurczyk u.a. 2009; Lutz 2012; siehe auch Kapitel 3.3). Die Ergebnisse dieser Studien verweisen darauf, dass Eltern, und das sind mehrheitlich immer noch die Mütter, oft am Rand der Erschöpfung agieren. Als zentrale Belastungsfaktoren werden vor allem Zeit-, Geldmangel und überhöhte Anforderungen an die Eltern- bzw. an die Mutterrolle herausgearbeitet (bspw. Donath 2016; Mundlos 2016). Dennoch will auch diese Studie nach Belastungen fragen. In den Kontext des Arbeitshandelns gestellt, besteht die Möglichkeit, dass die befragten Eltern andere Schwerpunkte setzen, als in bisherigen Studien thematisiert, und darüber neue Aspekte herausgearbeitet werden können. Dies hätte eine hohe Bedeutung. Denn Belastungen verweisen auf Bereiche, in denen die Anforderungen und die Ressourcen nicht ausbalanciert sind und damit auf Bereiche, in denen Eltern dringend Unterstützung brauchen. Sie verweisen also auf wirkmächtige Handlungsfelder der (Familien)Politik, um Eltern in unserer Gesellschaft zu unterstützen und zu stärken.

Zur Abgrenzung zwischen Arbeit und Nicht-Arbeit

Einig sind sich Wissenschaftler*innen darin, dass mit der Erweiterung des Arbeitsbegriffs eine neue Grenzziehung und damit Unterscheidung zwischen Arbeit und Nicht-Arbeit notwendig wird (Resch 1999; Böhle 2010; Voß 2010). Diese Studie geht mit Bezug auf das Konzept des Arbeitshandelns davon aus, das viele Tätigkeiten im Umgang mit den eigenen Kindern Arbeit sind. Dabei ist eine exakte Trennung, was genau Arbeit und was genau

Nicht-Arbeit ist, momentan nicht möglich, und auch die vorliegende Studie kann die Grenzziehung nicht präzise klären. Ihr liegt aber eine orientierende Vorstellung von einer Abgrenzung zwischen Arbeit und Nicht-Arbeit zugrunde. In Anlehnung an das Konzept des Arbeitshandeln und an das AVAH-Verfahren zur Arbeitsanalyse im Haushalt (Resch 1999) geht die vorliegende Studie davon aus, dass alle Tätigkeiten, bei denen der Zweck des Handelns primär dem Wohl des Kindes dient, eher Arbeit sind, und Tätigkeiten, bei denen der Zweck des Handelns eher im Selbstzweck und/oder in der eigenen Freizeitgestaltung liegt, eher Nicht-Arbeit sind. Die Studie geht allerdings auch davon aus, dass es in Bereichen der nichterwerblich organisierten Arbeit große Diskrepanzen gibt zwischen einerseits dem theoretischen Verständnis von Arbeit, wie es sich im Konzept des Arbeitshandelns ausdrückt, und andererseits dem subjektiven Erleben von Arbeit im Alltag von Eltern. Das bedeutet, dass es einerseits ein von der gesellschaftlichen Not- und Zweckmäßigkeit getragenes theoretisch-objektiviertes Verständnis der Tätigkeiten von Eltern als Arbeit geben muss, dass es andererseits aber auch wichtig ist, zu erforschen, was Eltern subjektiv im Zusammenhang mit der Versorgung ihrer Kinder eher als Arbeit bzw. eher als Nicht-Arbeit empfinden. Für eine Analyse der familialen Care-Arbeit für Kinder ist beides bedeutsam. Während die theoretisch-objektivierte Perspektive für die gesellschaftliche Anerkennung der Tätigkeiten von Eltern wichtig ist, ist die gefühlt-subjektivierte Perspektive für das Erleben des Alltags entscheidend. Denn die Balance aus Arbeit und Freizeit, oder auch gefühlter Arbeit und Nicht-Arbeit spielt eine entscheidende Rolle, um das eigene Leben deutend und wertend zu reflektieren (Jahoda u.a. 1933/1975; Jurczyk/Voss 1995; Carstensen u.a. 2012). Die vorliegende Studie geht davon aus, dass sich die Unterscheidung zwischen gefühlter Arbeit und Nicht-Arbeit im Bereich der familialen Care-Arbeit für Kinder deutlich vom theoretischen Verständnis dieser Studie unterscheidet, das vom Zweck her denkend alle primär auf das Wohl der Kinder gerichteten Tätigkeiten für Kinder und mit ihnen als Arbeit deutet. Vor diesem Hintergrund fragt diese Studie nach dem Arbeitsempfinden, also dem gefühlten Arbeitsverständnis von Eltern.

Über das Konzept des Arbeitshandelns hinaus

Über die Dimensionen des Arbeitshandelns hinaus schaut die Studie auch auf die Bewertung des eigenen Lebens mit Kindern. Meist wird stillschweigend davon ausgegangen, dass Elternschaft Sinn und Zufriedenheit stiftet. Auch bei differenzierteren Wertungen wird der positive Effekt in der Regel höher eingeschätzt als die Nachteile, die ein Leben mit Kindern mit sich bringen. Seit Erscheinen der Studie »#regretting motherhood« (Donath 2016) wurde jedoch öffentlich viel über das Bereuen von Mutterschaft, aber auch unaufgeregter ganz allgemein über Unzufriedenheit von Müttern diskutiert. Unzufriedenheit über ein Leben mit Kindern wurde zumindest in Ansätzen aus der gesellschaftlichen Tabu-Zone herausgeholt und besprechbar gemacht. Die vorliegende Studie geht davon aus, dass Eltern ihr Leben mit Kindern sehr unterschiedlich bewerten und dass es wichtig ist, die Beschreibungen des familialen Care-Handelns für Kinder in den Kontext der Bewertung des Lebens mit Kindern zu stellen.

Abschließend möchte diese Studie eine Typologie des Care-Handelns von Eltern erarbeiten und die gebildeten Care-Typen in den Kontext der jeweiligen sozio-ökonomischen Rahmenbedingungen stellen. Dadurch sollen erstens das Care-Handeln von Eltern differenziert, zweitens grundsätzliche Handlungsweisen sichtbar und drittens die gesellschaftlich-sozio-ökonomische Bedingtheit des Care-Handelns skizziert werden.

4.2 Forschungsfragen

Aus dem dargelegten theoretischen Analyserahmen und den Anpassungen an das Feld der familialen Care-Arbeit für Kinder ergeben sich die folgenden Forschungsfragen, die diese Studie stellt:

- Forschungsfrage 1: Was machen Eltern: Welche Tätigkeiten verrichten sie, und welche Ziele verfolgen sie?
- Forschungsfrage 2: Welche zentralen Handlungsstrategien realisieren Eltern: Wie strukturieren sie ihre Familienzeit, welche zentralen Interaktionsformen realisieren sie im Umgang mit ihren Kindern, wie gestalten sie ihre Kooperationen mit unterstützenden Institutionen und Personen?
- Forschungsfrage 3: Welche Ressourcen bringen Eltern ein: Welche Kompetenzen, Arbeitsmittel und Kraftquellen unterstützen sie?
- Forschungsfrage 4: Was belastet Eltern?
- Forschungsfrage 5: Wann erleben Eltern ihr Tätigsein für ihre Kinder eher als Arbeit und wann eher als Nicht-Arbeit?

- Forschungsfrage 6: Wie bewerten Eltern ihr Leben mit Kindern?
- Forschungsfrage 7: Welche Care-Typen von Eltern lassen sich unterscheiden und wie hängen diese zusammen mit verschiedenen sozio-ökonomischen Rahmenbedingungen?

4.3 Zwischenfazit

Zusammenfassend kann festgehalten werden, dass diese Studie in Anlehnung an das erweiterte arbeitssoziologische Konzept des Arbeitshandeln (Böhle 2010) zentrale Dimensionen von familialer Care-Arbeit für Kinder formuliert und daraus Forschungsfragen entwickelt. Unter einer arbeitssoziologischen Perspektive wird das familiale Care-Handeln erstens beschrieben, zweitens typisiert und drittens in den Kontext der sehr ungleichen sozio-ökonomischen Rahmenbedingungen gestellt, unter denen familiale Care-Arbeit für Kinder heute stattfindet. Ziel ist es, das familiale Care-Handeln für Kinder mittels arbeitssoziologischer Dimensionen strukturierend zu beschreiben und die Vielfalt ihrer Realisierung unter Berücksichtigung der sehr ungleichen familialen Rahmenbedingungen in einer Typologie des familialen Care-Handelns für Kinder herauszuarbeiten.

5. Sample und Methoden

Insgesamt wurden 16[1] problemzentrierte Interviews (Witzel 2000) mit aktiven Eltern aus den vier Reproduktionsmodellen, wie Winker (2015) sie herausgearbeitet hat (siehe Kapitel 3.4), durchgeführt. Die Auswertung erfolgte im ersten Schritt mit einer Kombination aus der inhaltlich strukturierenden und der evaluativen qualitativen Inhaltsanalyse nach Kuckartz (2014: 77ff.) und im zweiten Schritt mit der typenbildenden Inhaltsanalyse nach Kuckartz (2014: 115ff.). In einem dritten Schritt wurden aus sämtlichen Interviews Subjektkonstruktionen in Anlehnung an die Intersektionale Mehrebenenanalyse nach Winker und Degele (2009; auch Winker 2012: 20) herausgearbeitet.

Bei der Auswahl der Interviewpartner*innen wurde differenziert nach den vier Reproduktionsmodellen nach Winker (2015) und nach Geschlecht. Ziel war es, Vertreter und Vertreterinnen aus allen vier Reproduktionsmodellen zu interviewen. Absicht war es, deutlich mehr Mütter als Väter zu beteiligen, weil heute noch immer Frauen erheblich mehr an familialer Care-Arbeit für Kinder leisten und damit die Hauptgruppe der Erfahrungsträgerinnen sind. Das ursprüngliche Ziel, jeweils drei Mütter und einen Vater aus jedem Reproduktionsmodell zu befragen, konnte nicht realisiert werden. Im realisierten Sample ist das subsistenzorientierte Reproduktionsmodell unter- und das ökonomisierte Reproduktionsmodell überrepräsentiert, und die befragten Väter stammen allesamt aus dem ökonomisier-

1 Alle befragten Eltern leben in einer Region mit einer relativ guten Ausstattung an Kindertagesstätten. Die Interviews wurden in den Jahren 2014 und 2015 durchgeführt. Von den 16 Interviews sind 5 Interviews von Studierenden im Rahmen des von Frau Prof. Dr. Gabriele Winker geleiteten Seminars Care-Arbeit in Familien geführt worden. Das Seminar fand im Wintersemester 2014/2015 an der Technischen Universität Hamburg im Bereich Gender Studies statt.

ten Reproduktionsmodell. Tabelle 3 zeigt die angestrebte und die realisierte Zusammensetzung des Samples der vorliegenden Studie.

Tabelle 3: Angestrebte und realisierte Zusammensetzung des Samples

	Ökonomisiertes R.*		Paarzentriertes R.*		Prekäres R.*		Subsistenzorient. R.*	
	Frauen	*Männer*	*Frauen*	*Männer*	*Frauen*	*Männer*	*Frauen*	*Männer*
angestrebt	3	1	3	1	3	1	3	1
realisiert	3	3	4	-	4	-	2	-

*R. = Reproduktionsmodell (nach Winker 2015)

Die Bandbreite der Erwerbsarbeitsdauer der befragten Eltern liegt zwischen 0 und 55 Stunden pro Woche, die Verantwortungsgrade in der familialen Care-Arbeit für Kinder liegen zwischen Alleinversorgerin über Hauptversorgerin bis zum Nebenversorger, wobei alle Frauen Allein- oder Hauptversorgerinnen und alle Männer Nebenversorger sind. Die zeitliche Belastung aus der Kombination der erwerblichen und der familialen Care-Arbeit ist ebenfalls vielfältig, die größte Gesamtbelastung hat eine Mutter, die in Vollzeit erwerbsarbeitet und der parallel dazu die komplette Alleinversorgung ihrer Tochter obliegt. Das Gros der befragten Mütter erwerbsarbeitet in unterschiedlichen Graden reduziert und ist parallel dazu Hauptversorgerin der Kinder. Eine Mutter erwerbsarbeitet nicht und hat bewusst die klassische Hausfrauenrolle übernommen, zwei Mütter sind erwerbsarbeitssuchend und gleichzeitig Hauptversorgerinnen ihrer Kinder und zwei Mütter sind Studentinnen. Die drei befragten Väter arbeiten alle in Vollzeit – zwei davon mit erheblichen Überstunden – und sind Nebenversorger ihrer Kinder. Im Anhang 1 in Tabelle 12 sind die befragten Eltern näher beschrieben.

Die durchgeführten problemzentrierten Interviews (Witzel 2000) bestehen aus einem erzählgenerierenden Einstieg, mehreren theoriegeleiteten Nachfragen und einem ergänzenden Fragebogen zu den sozio-ökonomischen und arbeitsteiligen Bedingungen der familialen Care-Arbeit für Kinder. Die Interviews begannen mit einer erzählgenerierenden Eingangsfrage: »Sie versorgen Ihre Kinder. Erzählen Sie doch mal, wie Ihr Alltag aussieht, und was das für Sie bedeutet.« Anschließend wurden die an das Konzept des Arbeitshandelns angelehnten Dimensionen von familialer Care-Arbeit für Kinder durch Nachfragen zu folgenden Bereichen vertieft: Tätigkeiten,

Ziele, Zeitstrukturierung, Interaktionsformen im Umgang mit den Kindern, Gestaltung von Kooperationen mit unterstützenden Institutionen und Personen, Kompetenzen, Arbeitsmittel, Kraftquellen, Belastungen, subjektive Unterscheidung zwischen Arbeit und Nicht-Arbeit und Zufriedenheit. Zum Abschluss des Interviews wurden die Fragen des ergänzenden Fragebogens zu den Bedingungen der familialen Care-Arbeit abgefragt und vom Interviewenden in den Bogen eingetragen. Der Fragebogen beinhaltet u.a. Fragen zur ökonomischen Situation, zur Erwerbsarbeit, zum Umfang der eigenen Versorgung der Kinder, zum Umfang der Unterstützung, zu den Bedürfnissen der Kinder und zur eigenen Gesundheit und Vitalität (Interviewleitfaden und ergänzender Fragebogen siehe Anhang 2 und 3).

Mit der Auswertung der Interviews soll das familiale Care-Handeln von Eltern in seinen vielschichtigen Dimensionen, wie sie das Konzept des Arbeitshandelns formuliert, beschrieben, aber auch typisiert und in seiner gesellschaftlichen Vermitteltheit analysiert werden. Die Auswertung erfolgte in drei Schritten. Im ersten Schritt wurden alle Interviews mit der qualitativen Inhaltsanalyse (Kuckartz 2014) ausgewertet, d.h. es wurde kategorienbasiert ausgewertet. Dabei entsprechen die Hauptkategorien den Dimensionen von Arbeit wie sie in den Forschungsfragen abgebildet sind, sie sind also deduktiv direkt aus den Forschungsfragen abgeleitet. Die Subkategorien (= thematische oder evaluative Ausprägungen) wurden dagegen induktiv am Material entwickelt, d.h. sie sind weniger aus dem Forschungsstand abgeleitet, sondern primär im Material neu entdeckt. In Abhängigkeit von der jeweiligen Hauptkategorie (= Dimension von Arbeit) wurden die Subkategorien (= Ausprägungen der Dimensionen von Arbeit) in der Regel thematisch gebildet. Wenn es angemessen und vom Material her möglich war, wurden aber zusätzlich auch evaluative Subkategorien gebildet. Das heißt, es wurden zwei der Basismethoden der qualitativen Inhaltsanalyse vermischt: die inhaltlich strukturierende (ebd.: 77ff.) und die evaluative qualitative Inhaltsanalyse (ebd.: 98ff.). Während es bei der inhaltlich strukturierenden qualitativen Inhaltsanalyse um die Identifizierung und Systematisierung von Themen und Subthemen geht, geht es bei der evaluativen qualitativen Inhaltsanalyse um die »Einschätzung, Klassifizierung und Bewertung von Inhalten durch die Forschenden« (ebd.: 98; zur Kombination dieser beiden Basismethoden: ebd.: 114). Die Darstellung der Ergebnisse folgt der Auswertungsform der kategorienbasierten Auswertung entlang der Hauptkategorien, also der Dimensionen von Arbeit, wie sie in den Forschungsfragen abgebildet sind (ebd.: 93f.). Das Ergebnis dieser Analyse ist eine Beschreibung der familialen Care-Arbeit für Kinder auf der Grundlage der an das Feld der familialen Care-Arbeit für Kinder angepassten Dimensionen des Arbeitshandelns (Böhle 2010). Das Ergebnis ist in Kapitel 6 dargestellt. Bei der Darstellung wurde weitgehend darauf verzichtet, die Ergebnisse mit Zitaten zu untermauern, wie es eigentlich in der qualitativen Inhaltsanalyse geboten ist. Zitate werden in Kapitel 6 eher sparsam eingesetzt. Sichtbar als Person werden die befragten Eltern erst anschließend in der Darstellung der Typologie in Kapitel 7.

Im zweiten Schritt wurde die qualitative Inhaltsanalyse fortgeschrieben zur typenbildenden Inhaltsanalyse (ebd.: 115ff.). Darüber ist es möglich, eine kategorienbasierte Typologie des Care-Handelns von Eltern zu erarbeiten. Die Ergebnisse der strukturierenden und in Teilen evaluativen qualitativen Inhaltsanalyse bilden die Basis, um alle befragten Eltern entlang ihrer jeweiligen Subkategorien zu gruppieren. Die Grundlage der Typologie bildet also ein vieldimensionaler Merkmalsraum, der durch die Dimensionen des Arbeitshandelns charakterisiert ist. Alle befragten Eltern wurden entlang ihrer thematischen bzw. evaluativen Ausprägungen aller Dimensionen des Arbeitshandelns gruppiert. Dabei galt es, innerhalb der Gruppen auf Ähnlichkeit und zwischen den Gruppen auf Unterschiedlichkeit zu achten. Es zeigte sich sehr schnell, dass es sinnvoll ist, drei Gruppen zu bilden. Diese drei Gruppen weisen nach innen eine große Ähnlichkeit und nach außen eine große Differenz in vielen Dimensionen des Arbeitshandelns auf. Durch die Prägnanz der Gruppen war es sehr einfach, den Typen Namen zu geben und ihnen darüber hinaus einen Kernsatz zuzuweisen, der auf das grundlegende Handlungsprinzip dieses Typs verweist. Die Zuordnung der Personen inklusive deren Ausprägungen aller Dimensionen des Arbeitshandelns zu den jeweiligen Typen ist tabellarisch abgebildet im Anhang 1, in den Tabellen 13a bis 13e. Hier sind die anonymisierten Namen, die Häufigkeiten und die Verteilung aller Ausprägungen des gesamten Merkmalsraumes, also aller Dimensionen des Arbeitshandelns im Überblick zu sehen. Damit ist die Transparenz der Typenbildung gewährleistet. Zur Vertiefung der Typologie wurden im dritten Schritt aus allen Interviews Subjektkonstruktionen (Winker 2012: 20) herausgearbeitet. Subjektkonstruktionen sind im Rahmen der Intersektionalen Mehrebenenanalyse (Winker/Degele 2009) entwickelt worden und beschreiben soziale Praxen von Subjekten in ihren Wechselwirkungen zwischen Identitätskonstruktionen, symbolischen Repräsentationen und Sozialstrukturen (ebd.: 74, 97). So wird nicht nur die Person sichtbar, sondern darüber auch der (gesellschaftliche) Kontext, aus dem heraus die Person handelt. Die Bezugnahme auf die drei Ebenen Identität, Repräsentation und Struktur verdeutlicht die gesellschaftliche Bedingtheit des Care-Handelns von Eltern. In Kapitel 7 wird die Typologie vorgestellt. Die Darstellung der Ergebnisse erfolgt wieder kategorienbasiert entlang der Hauptkategorien, d.h. entlang der Dimensionen von Arbeit, wie sie in den Forschungsfragen abgebildet sind. In die Beschreibung der typenspezifischen Subkategorien sind anstelle von Zitaten passende Subjektkonstruktionen integriert. Wie auch in Zitaten werden dort einzelne Eltern als Personen sichtbar. Über Zitate hinaus werden zusätzlich auch die Wechselwirkungen zwischen Identitätskonstruktionen, sozialen Repräsentationen und sozialen Strukturen deutlich. Das gelingt mit Zitaten oft nicht. Zum Abschluss der Darstellung der Care-Typen wird Bezug genommen auf die Reproduktionsmodelle. Es wird geschaut, inwieweit ein Zusammenhang zwischen Care-Typ und sozio-ökonomischen Rahmenbedingungen besteht, wie sie in den vier Reproduktionsmodellen formuliert sind.

6. Ergebnisse Teil 1: Zentrale Dimensionen und Ausprägungen des familialen Care-Handelns für Kinder

Im Folgenden werden die Ergebnisse der Studie zu den zentralen Dimensionen und deren Ausprägungen des familialen Care-Handelns von Eltern vorgestellt. Die Vorstellung der Ergebnisse ist in sechs Unterkapitel unterteilt, die im Großen und Ganzen den Forschungsfragen 1 bis 6 folgen, wie sie in Kapitel 4.2 formuliert sind. Nacheinander werden die Ergebnisse zu den Tätigkeiten und Zielen von Eltern (Kapitel 6.1), zu den zentralen Handlungsstrategien von Eltern (Kapitel 6.2), zu den persönlichen Ressourcen von Eltern (Kapitel 6.3), zu den Belastungen von Eltern (Kapitel 6.4), zur subjektiven Unterscheidung zwischen Arbeit und Nicht-Arbeit im Care-Handeln von Eltern (Kapitel 6.5) und zur Bewertung des Lebens mit Kindern von Eltern (Kapitel 6.6) vorgestellt. In die Darstellung der Ergebnisse sind an passenden Stellen Zitate aus den Interviews eingewoben, erkenntlich daran, dass diese in Anführungszeichen gesetzt sind. Wie im Methodenkapitel schon erwähnt und begründet (siehe Kapitel 5), sind Zitate jedoch eher sparsam verwendet worden. Als Personen werden die befragten Eltern im Kapitel 6 nicht sichtbar, sondern erst im anschließenden Kapitel 7. Das Kapitel 6 schließt mit einer Zusammenfassung und Einordnung der Ergebnisse in den bisherigen Forschungsstand und einer auf den Ergebnissen beruhenden Beurteilung des Anforderungsprofils der familialen Care-Arbeit für Kinder (Kapitel 6.7).

6.1 Was machen Eltern?

Der Frage danach, was Eltern machen, wird in dieser Studie eingebettet in die Frage, was Eltern wollen (zur Begründung siehe Kapitel 4.1). Im Folgenden werden die verrichteten Tätigkeiten (Kapitel 6.1.1) und die Ziele (Kapitel 6.1.2) der befragten Eltern vorgestellt. Während die Tätigkeiten das beschreiben, was Eltern tatsächlich machen, beschreiben die Ziele, was Eltern in ihrem Handeln antreibt, und was sie belastet, wenn sie es nicht realisieren können.

6.1.1 Welche Tätigkeiten verrichten Eltern?

Um eine Vorstellung zu bekommen, was Eltern machen, werden an dieser Stelle in knapper Form die Tätigkeiten aufgelistet, die von den befragten Eltern genannt wurden.[1] Das Tätigkeitsspektrum der befragten Eltern ist sehr vielfältig. Inhaltlich plausibel und zur besseren Veranschaulichung sinnvoll, können die genannten Tätigkeiten in fünf Bereiche differenziert werden: Versorgen/Pflegen, Begleiten/Beaufsichtigen, Entscheiden/Planen/Organisieren, Beibringen und Motivieren/Antreiben/Lenken. Einen Überblick über alle genannten Tätigkeiten geordnet in diese fünf Bereiche gibt Tabelle 4.

Tabelle 4: Genannte Tätigkeiten der befragten Eltern

Tätigkeitsbereiche	Tätigkeiten
Versorgen, Pflegen	Haushalt erledigen: einkaufen, kochen, waschen, aufräumen, putzen Kind pflegen: waschen, füttern, medizinisch versorgen, an-/ausziehen, wecken, ins Bett bringen, kuscheln
Begleiten, Beaufsichtigen	Wege begleiten: bringen und abholen zur Kita/Schule, zu Ärzt*innen, Hobbys, Freund*innen Tätigkeiten begleiten: Freizeitgestaltungen, soziale Kontakte, essen, an-/ausziehen, waschen beaufsichtigen: beim Spielen, beim Hausaufgaben machen
Entscheiden, Planen, Organisieren	entscheiden/auswählen: Kitas, Schulen, Ärzt*innen, Babysitter, sinnvolle Beschäftigungen für die Kinder, Spielzeug planen und organisieren des gesamten Alltags der Kinder

1 Die entsprechende Nachfrage im Leitfaden lautet: »Können Sie mir noch etwas mehr über Ihre Tätigkeiten für Ihre Kinder erzählen?«

Beibringen	direkt beibringen: kochen, Umgang mit Geld, Umgang mit Menschen, Umgang mit Pflichten, Umgang mit gesellschaftlichen Hilfsangeboten, Teile des Schulstoffs (Hausaufgabenhilfe) indirekt beibringen: gemeinsame Aktivitäten durchführen (singen, vorlesen, spielen, basteln, malen, kochen, einkaufen, Welt zeigen, Gespräche führen)
Motivieren, Antreiben, Lenken	motivieren: zum Ausprobien von Freizeitaktivitäten, zum Dranbleiben an Freizeitaktivitäten, zu einem sinnvollen Hobby, zum Dinge lernen, zum Hausaufgaben machen antreiben: zum konzentrierten Handeln, zum ordentlichen Ausführen von Tätigkeiten, zu sinnvollen Beschäftigungen lenken: Vorbild sein, Einfluss nehmen, zum gelingenden Leben hinführen

Die Tabelle 4 zeigt, wie groß die Bandbreite der Tätigkeiten von Eltern ist. Das damit verbundene Anforderungsprofil umspannt die Anforderungen verschiedenster, zum Teil hoch qualifizierter Berufe. Ein Vergleich der Tätigkeiten mit Berufsfeldern zeigt, dass die Tätigkeiten von Eltern die Tätigkeiten der verschiedensten Berufe abbilden: Eltern sind sowohl Haushälter*innen, Pfleger*innen, Alltagsbegleiter*innen und Fahrer*innen als auch Manager*innen, Lehrer*innen, Führungskräfte und Personalentwickler*innen in einer Person. Sie sind sozusagen Allround-Arbeitskräfte und dies sowohl auf horizontaler als auch auf vertikaler Ebene. Ein Teil ihrer Tätigkeiten ist vergleichbar mit Tätigkeiten in den oberen Hierarchieebenen der Erwerbsarbeitssphäre.

6.1.2 Welche Ziele verfolgen Eltern?

Die Antworten auf die Frage nach den Zielen[2] sind – sehr im Unterschied zu allen anderen Dimensionen – erstaunlich gleichförmig. Alle befragten Eltern verfolgen die gleichen zwei Ziele, nämlich, dass ihre Kinder erstens »später gut zurechtkommen«[3] und zweitens »eine zufriedene Kindheit« haben. Es geht im Großen und Ganzen um die Herstellung eines guten Lebens für die Kinder jetzt und in der Zukunft als Erwachsene. Die befragten Eltern wollen ihren Kindern ein Rüstzeug für ein zukünftiges gutes Leben an die Hand geben und ihnen gleichzeitig eine glückliche Kindheit ermöglichen. In

2 Die entsprechende Nachfrage im Leitfaden lautet: »Können Sie mir zusammenfassend erzählen, was Sie als Aufgaben in Ihrem Leben mit Ihrem/n Kind/ern betrachten und welche Ziele Sie verfolgen?«

3 Die in Anführungszeichen gesetzten Passagen kennzeichnen Zitate aus Interviews.

Tabelle 5 sind die genannten Ziele entlang der beiden zentralen Pole aufgelistet.

Tabelle 5: Genannte Ziele der befragten Eltern (in beiden Bereichen entspricht die Rangfolge den Häufigkeiten der jeweiligen Nennung)

Zielbereiche	Ziele
»später gut zurechtkommen«	Förderung der Leistungsbereitschaft des Kindes im Hinblick auf eine zukünftige Erwerbsarbeit Förderung von Eigensinn, Selbstvertrauen und Stärke des Kindes Förderung der Selbstständigkeit des Kindes für ein elternunabhängiges Leben Förderung der sozialen Verantwortungsbereitschaft des Kindes
»zufriedene Kindheit«	Ermöglichen einer glücklichen Kindheit Bindung der Kinder an die Eltern momentan Bindung der Kinder an die Eltern ein Leben lang

An den Zielen wird deutlich, dass die befragten Eltern alle die gleichen hohen Ansprüche an die Vorbereitung ihrer Kinder auf die Zukunft haben und dabei gleichzeitig eine glückliche Kindheit sowie eine nachhaltige Bindung an die Familie realisieren wollen. Ein Spagat, der teilweise schwer zu realisieren ist. Zielkonflikte zwischen Durchsetzung von Erziehungszielen und Eingehen auf den kindlichen Willen sind damit als ein immanenter Bestandteil der heutigen familialen Care-Arbeit für Kinder zu betrachten. Während das Ziel »zufriedene Kindheit« nicht weiter ausgeführt wird, wird das Ziel, den Kindern das Rüstzeug für ein zukünftig gutes Leben bereitzustellen, präzisiert. Die Präzisierungen zeigen, was ein zukunftsfähiger Mensch für die befragten Eltern bedeutet: ein Mensch mit einer hohen Leistungsbereitschaft, Eigensinn und Selbstbewusstsein, Selbstständigkeit und sozialer Verantwortungsbereitschaft. Da die Ziele der Eltern zum großen Teil in der Vorbereitung der Kinder auf eine ungewisse Zukunft liegen, sind sie nicht unmittelbar überprüfbar. Damit ist familiales Care-Handeln für Kinder immer auch ein Handeln unter Unsicherheit. Nicht direkt auf diese Frage, aber an anderen Stellen wird deutlich, dass die befragten Eltern dennoch bzw. gerade deswegen überprüfbare Stellvertreter-Ziele formulieren, um sich in der Gegenwart zu vergewissern, dass sich die Kinder im Hinblick auf ihre Zukunftsfähigkeit gut entwickeln. Die Interviews zeigen, dass der Lackmustest für die richtige Entwicklung der Kinder primär gute Schulnoten und zielgerichtete Aktivitäten der Kinder sind. Große Verunsicherung und

Stress entstehen, wenn die Stellvertreter-Ziele nicht realisiert werden können, also bei schlechten Schulnoten und ziellosem »Rumhängen« der Kinder.

6.2 Welche zentralen Handlungsstrategien realisieren Eltern?

Abgeleitet aus dem Konzept des Arbeitshandelns und angepasst an das Forschungsfeld der familialen Care-Arbeit für Kinder gliedert sich die Frage nach den Handlungsstrategien von Eltern in drei Bereiche (zur Begründung siehe Kapitel 4.1). Nachfolgend werden die Ergebnisse aus den Interviews zur Strukturierung der Familienzeit (Kapitel 6.2.1), zu den zentralen Interaktionsformen im Umgang mit den Kindern (Kapitel 6.2.2) und zur Gestaltung der Kooperationen mit unterstützenden Institutionen und Personen (Kapitel 6.2.3) vorgestellt.

6.2.1 Wie strukturieren Eltern ihre Familienzeit?

Die Erzählungen der befragten Eltern zu ihrer Zeitstrukturierung[4] verweisen zunächst auf zentrale Unterscheidungen der Eltern im Hinblick auf ihr Zeiterleben. Es lassen sich folgende fünf Zeitqualitäten herausarbeiten, die von den befragten Eltern jeweils anders erlebt werden:[5]

- *routinisierte Zeit mit Kindern*: Die in dieser Zeit verrichteten Tätigkeiten haben ein klares, kurzfristiges Ziel. Die Tätigkeiten werden wiederholt und regelmäßig verrichtet; beispielsweise fertig machen zum Aufbrechen, ins Bett gehen etc.
- *zweckorientierte Zeit mit Kindern*: Die Ziele der Tätigkeiten, die in dieser Zeit verrichtet werden, sind offener und langfristiger als in der routinisierten Zeit. Die Tätigkeiten sind oft geplant, können aber auch un-

4 Die entsprechende Nachfrage im Leitfaden lautet: »Erzählen Sie mir bitte, wie Sie ihren Alltag mit ihren Kindern strukturieren. Was planen Sie im Voraus, was machen Sie eher spontan, wo haben Sie feste Routinen?«

5 An dieser Stelle wird nicht darauf eingegangen, dass die befragten Eltern sowohl unterschiedliche Grade an Erwerbsarbeit, als auch an familialer Care-Arbeit für Kinder aufweisen (zur Beschreibung des Samples siehe Kapitel 5). Auf einen möglichen Zusammenhang zwischen der Menge an Familienzeit und der realisierten Zeitstrukturierung wird in Kapitel 7 eingegangen.

geplant sein, wie beispielsweise spontan gemeinsam ein Zimmer aufräumen.

- *zweckfreie Zeit mit Kindern*: In dieser Zeit dominieren Tätigkeiten, die keinen expliziten Zwecken dienen, sondern nur ihrem Selbstzweck folgen; beispielsweise gemeinsames Schwimmen-Gehen, weil die Sonne scheint. Zweckfreie Zeit bedeutet immer spontanes Handeln, das auf situative Motivations- bzw. Bedürfnislagen ausgerichtet ist. Die Zeitfenster können aber auch geplant sein. Mehrfach berichteten befragte Eltern von Nachmittagen, die als zweckfreie Zeit bewusst geplant werden.
- *von Widerständen geprägte Zeit mit Kindern*: In dieser Zeit dominieren Tätigkeiten, die von Widerständen geprägt sind, oft von einem widerständigen Verhalten der Kinder. Aufgrund dieser Widerstände geht es primär darum, zu erkennen, was gerade (noch) geht. Manchmal geht es auch nur darum, die Zeit bis zur nächsten Routine wie Abendbrot-Essen oder Ins-Bett-Bringen zu überbrücken. Das Handeln ist sehr anstrengend. Es ist weder an expliziten Zielen noch an Bedürfnislagen ausgerichtet, sondern richtet sich daran aus, was gerade noch geht. Es ist ein Fahren-auf-Sicht. Widerstand kann aber auch von den Eltern selbst kommen: Starke innere Unlustgefühle, Erschöpfung, Antriebsschwäche etc. bewirken ein ähnliches Handeln; nur kämpft man nicht mit den Kindern, sondern mit sich selbst.
- *zweckorientierte Zeit ohne Kinder*: In dieser Zeit werden kinderversorgende Tätigkeiten ohne Anwesenheit der Kinder verrichtet. Dies sind Tätigkeiten zum Abarbeiten anfallender Aufgaben, die mit Kindern nur mit großer Anstrengung zu bewältigen sind, insbesondere Einkaufen, zu Hause »klar Schiff machen«, meist im Wechsel mit Pausen zum Durchatmen. Zentral ist hier das von Erholungspausen (oft Kaffeetrinken) durchdrungene allein stattfindende Abarbeiten von zu erledigenden Aufgaben.

Die Interviews zeigen, dass grundsätzlich bei allen befragten Eltern alle fünf Zeitqualitäten vorkommen, aber mit verschiedenen Anteilen. Auf fällt, dass routinisierte Zeit mit Kindern und zweckorientierte Zeit ohne Kinder für alle befragten Eltern einen hohen Stellenwert haben. Routinisierte Zeit mit Kindern wird meist morgens realisiert, wenn es darum geht, die Kinder für den »Tag fertig zu machen«, was meist auch das Hinbringen zur Kindertagesstätte oder Schule beinhaltet, und abends, wenn die Kinder zum »ins Bett gehen, fertig gemacht werden«, was bei kleineren Kindern meist mit dem

Ritual des Vorlesens verbunden ist. Dies bedeutet, dass es allen befragten Eltern gelingt, Routinen zu entwickeln, wenn wiederkehrende Aufgaben mit kurzfristigen Zielen bewältigt werden müssen. Zweckorientierte Zeit ohne Kinder wird ebenfalls von allen befragten Eltern realisiert. Diese Zeit dient dem Abarbeiten bestimmter Hausarbeiten und wird bewusst eingeplant. Mehrfach wurde erzählt, dass sich familiale Arbeitszeiten ohne Kinder als so wichtig herausgestellt haben, dass die Erwerbsarbeit abweichend von der ursprünglichen Planung im Verlauf so weit reduziert wurde, dass kinderfreie Arbeitszeiten zum Verrichten notwendiger Hausarbeiten geschaffen werden konnten. Hieraus lässt sich schließen, dass familiale Care-Arbeit für Kinder immer auch familiale Arbeitszeiten ohne Kinder braucht. Jenseits dieses auffälligen überindividuellen Auftretens von routinisierter Zeit mit Kindern und zweckorientierter Zeit ohne Kinder ist es individuell sehr unterschiedlich, wie das Verhältnis von erstens zweckorientierter zu zweckfreier und zweitens von geplanter zu ungeplanter Zeit ausfällt. Einige planen viel, andere weniger; einige handeln primär zweckorientiert, andere versuchen viel zweckfreie Zeit zu verbringen. Jenseits dieser zwar unterschiedlichen, aber dennoch jeweils proaktiven Zeitqualität gibt es auch eine Zeitqualität, in der das Handeln davon geprägt ist, das zu machen, was gerade noch geht, oder von dem Motiv, die Zeit einfach irgendwie hinter sich zu bringen. Diese von Widerständen geprägte Zeit mit Kindern ist weder an Bedürfnislagen noch an langfristigen Zwecken ausgerichtet, sondern an Widerständen, die vom Kind oder bei Überbelastung auch von den Eltern selbst ausgehen.

In Abhängigkeit vom jeweiligen Anteil insbesondere der Zeitqualitäten zweckorientierte Zeit mit Kindern, zweckfreie Zeit mit Kindern und von Widerständen geprägte Zeit mit Kindern lassen sich drei grundsätzliche Arten der Zeitstrukturierung der befragten Eltern herausarbeiten, die im Folgenden näher beschrieben werden:

- die situativ-proaktive Zeitstrukturierung
- die geplant-proaktive Zeitstrukturierung
- die situativ-reaktive Zeitstrukturierung

»Zeit mit Kindern zu verbringen, finde ich das Wichtigste überhaupt.«

Bei der *situativ-proaktiven Zeitstrukturierung* folgt der Alltag einem Muster aus routinisierter Zeit mit Kindern, zweckorientierter Zeit ohne Kinder und dem Versuch, möglichst viel Zeit, insbesondere auch zweckfreie Zeit, mit den Kindern zu realisieren. Die Zeitstrukturierung ist auf das Erleben von Gemeinschaft ausgerichtet und von situativen Interaktionen geprägt, die nicht geplant sind. Der Alltag folgt einem groben zeitlichen Rahmen, hat aber auch zeitliche Freiräume für spontane zweckfreie Aktivitäten, die den gemeinsamen Bedürfnislagen folgen. Gemeinschaftserlebnisse geben Energie und Motivation. Der Alltag ist geprägt von der Motivation, viel Zeit mit den Kindern zu verbringen und braucht Raum für ungeplante, zweckfreie Zeit mit den Kindern.

»Ich habe mir ein System aufgebaut, dass es jetzt optimal für mich ist.«

Bei der *geplant-proaktiven Zeitstrukturierung* folgt der Alltag einem Muster aus routinisierter Zeit mit Kindern, zweckorientierter Zeit ohne Kinder und überwiegend geplanter zweckorientierter Zeit mit Kindern. Die Zeit ist geprägt von geplanten Aufgaben, die abgearbeitet werden müssen, und weist einen hohen Anteil an organisatorisch-planerischen Tätigkeiten auf. Die Menge der Aufgaben ist groß, und die Erledigung ist anstrengend, aber durchaus auch motivierend. Wenn das Abarbeiten gelingt und die Aufgaben als erledigt verbucht werden können, entsteht ein hohes Maß an Befriedigung. Der Alltag ist geprägt vom geplanten, oft getakteten Abarbeiten von selbst formulierten Aufgaben.

»Also das ist dieses ständige Auf-der-Hut-zu-Sein und auch Immer-wieder enttäuscht-zu-Werden und zu sehen, was nicht funktioniert.«
»So, und diese Zeit wo ich gearbeitet habe, habe ich meistens gar nicht die Kraft und die Lust dazu gehabt, mit den Kindern was wirklich zu unternehmen.«

Bei der *situativ-reaktiven Zeitstrukturierung* folgt der Alltag einem Muster aus routinisierter Zeit mit Kindern, zweckorientierter Zeit ohne Kinder und viel Zeit mit Kindern, die von kindlichen oder eigenen Widerständen geprägt ist.

Der Alltag folgt nicht der Idee von einem Zusammenleben, die man einmal hatte. Die Tage haben eine Eigendynamik entwickelt: Man schaut, was gerade geht und reagiert dabei stark auf die Befindlichkeit des Kindes oder die eigene Befindlichkeit. Dies kann auch dazu führen, dass man die Zeit bis zur nächsten Routine nur noch »totschlagen« kann. Der Alltag wird von Mikrokrisen dominiert und kann nicht proaktiv, sondern nur noch reaktiv gelebt werden. An die Stelle der Gewohnheit tritt die Augenblickslaune. Der Alltag ist geprägt von geringer Vorausschau und Selbstwirksamkeit: Es ist ein tägliches anstrengendes Handeln-auf-Sicht.

6.2.2 Welche zentralen Interaktionsformen realisieren Eltern im Umgang mit ihren Kindern?

Die Frage nach den zentralen Interaktionsformen im Umgang mit den Kindern beinhaltete zwei Bereiche, es wurde sowohl nach der Beziehung zu den Kindern als auch nach hilfreichen Faustregeln im Umgang mit den Kindern gefragt.[6] Von den befragten Eltern kamen lebhafte und sehr emotionale Antworten, die zwar den gesamten Bereich der Interaktion mit den Kindern berührten, aber sehr deutlich das Ringen um Einfluss – im Sinne von Erziehung – ins Zentrum stellten. Entsprechend fokussieren die Ergebnisse zu den zentralen Interaktionsformen im Umgang mit den Kindern auf spezielle Interaktionsformen zur Einflussnahme auf die Kinder – im Sinne von Erziehung.[7] Während es den befragten Eltern insgesamt eher leicht fällt, eine gute Beziehung zu ihren Kindern aufzubauen, ringen sie um Einfluss auf ihre Kinder. Fast alle Eltern stützen sich auf Faustregeln, die die jeweils praktizierte Form der Einflussnahme mental verankert. Die Erziehung der Kinder wird von den befragten Eltern generell als ausgesprochen anstrengend, oder

6 Die entsprechende Nachfrage im Leitfaden lautet: »Wie würden Sie die Beziehung zwischen Ihnen und Ihrem Kind beschreiben?« »Haben Sie bestimmte Faustregeln, die Ihnen das Leben mit Ihrem/n Kind/ern erleichtern?«

7 Obwohl es sich um Formen der Erziehung handelt, wird hier der Begriff der Einflussnahme gewählt. In den Interviews wird deutlich, dass Erziehung für die befragten Eltern in erster Linie die Herstellung von Einflussnahme ist. Um diese Perspektive auf Erziehung zu verdeutlichen, wird der Begriff der Einflussnahme verwendet. In Zitaten und im Kontext der Belastungen von Eltern (Kapitel 6.4) wird allerdings auch in dieser Studie der Begriff der Erziehung verwendet. Damit sind in dieser Studie die Begriffe Einflussnahme und Erziehung synonym zu lesen.

sogar unter bestimmten Bedingungen als nicht leistbar wahrgenommen. Für viele ist Erziehung »sehr, sehr harte Arbeit«[8]. Deutlich wird, wie sehr sie in der Interaktion mit ihren Kindern um Einflussnahme ringen: um Einflussnahme im schwierigen Spagat zwischen Beziehungsfestigung auf der einen Seite und Durchsetzung bzw. Machtausübung auf der anderen Seite. Eltern wünschen sich Einfluss, ohne dabei die hohe emotionale Verbundenheit zu irritieren. Die Kernfrage fast aller befragten Eltern ist, wie sie Einfluss auf ihre Kinder nehmen können, ohne dabei die Beziehung zu gefährden. Das sichtbare Zeichen für eine gute Beziehung ist für viele der befragten Eltern, dass die Kinder »mit allen Dingen zu einem kommen«. Das sichtbare Zeichen für eine erfolgreiche Erziehung ist die Realisierung eines erwünschten Verhaltens der Kinder zu Hause, aber vor allem die Realisierung einer erfolgreichen gesellschaftlichen Teilhabe des Kindes in zentralen Institutionen, wobei der Schulerfolg hier den entscheidenden Lackmustest darstellt.

Deutlich wird in den Interviews, dass für alle befragten Eltern die zentralen Interaktionsformen im Umgang mit ihren Kindern Interaktionsformen zur Einflussnahme sind. Darüber hinaus wird deutlich, dass es grundsätzlich verschiedene Interaktionsformen zur Einflussnahme auf die Kinder gibt. Dabei ist eine überwiegend gelingende von einer überwiegend misslingenden Einflussnahme zu unterscheiden. Die gelingende Einflussnahme lässt sich weiter ausdifferenzieren in drei Qualitäten. Insgesamt lassen sich

---

8 Bei älteren Kindern sprechen die befragten Eltern weniger von Erziehung, sondern eher von Kooperation. Aber genauso wie bei der Erziehung geht es auch hier um Einflussnahme. Bei älteren Kindern ist es eine Einflussnahme zur Realisierung einer aufgabenbezogenen Zusammenarbeit, in der das Prinzip der Reziprozität, also des ausgewogenen Gebens und Nehmens, gewahrt ist. Deutlich wird in den Interviews, dass Reziprozität mit dem Älterwerden der Kinder immer wichtiger wird. Kooperation wird ebenso wie Erziehung von einigen der befragten Eltern als sehr anstrengend empfunden. Sehr anstrengend ist die Kooperation dann, wenn die Erwartungen an ein ausgewogenes Verhältnis von Geben und Nehmen nicht erfüllt sind. So diagnostiziert eine befragte Mutter bei ihren Töchtern eine »komplette Kooperationsunwilligkeit«, die sich darin manifestiert, dass sich die Töchter nicht an der Familienarbeit beteiligten, und die befragte Mutter auch überhaupt keine Möglichkeit sieht, diese einzufordern. Sie ist fest davon überzeugt, dass das Einfordern einer Mitarbeit – wenn überhaupt möglich – ihre Kräfte übersteigen würde. In diesem Zusammenhang wäre es interessant, den häufig zu hörenden Vorwurf, Eltern verwöhnen ihre Kinder, genauer zu analysieren. Die Interviews lassen vermuten, dass eine Nichtbeteiligung an Aufgaben nicht immer eine Praktik des Verwöhnens, sondern vielfach eine Praktik des Vermeidens von zu belastender Emotionsarbeit ist.

so vier grundsätzliche Interaktionsformen zur Einflussnahme auf die Kinder herausarbeiten.[9] Diese werden im Folgenden zunächst benannt und anschließend beschrieben:

- Einflussnahme durch liebevolle Strenge
- Einflussnahme durch beharrliche Gespräche
- Einflussnahme durch Präsenz
- ungenügende Einflussnahme

> *»Ich bin auch streng mit meinen Kindern. Ich lasse viel nicht durchgehen. Ich habe auch Nein-Sagen lernen müssen. Man muss konsequent umsetzen, was man sagt. Egal, ob das schwierig ist oder nicht.«*

Die meisten der befragten Eltern versuchen, durch *liebevolle Strenge* Einfluss auf ihre Kinder auszuüben. Es ist eine Praktik des respektvollen Grenzen-Setzens und des Anweisens. In den Interviews wird deutlich, dass diese Eltern sehr überzeugt von diesem Stil sind und keine Zweifel an der Richtigkeit haben. Das Rollenverständnis ist klar: »Ich bin diszipliniert, streng und liebevoll«, ist die zentrale Selbstaussage dieser Eltern. Sie geben sich Mühe, wertschätzende Anweisungen zu formulieren, die ihre Kinder gut umsetzen können. Interessant ist, dass das Anweisen nicht unbedingt eine Face-to-Face-Interaktion voraussetzt, sondern von einigen Müttern auch mittelbar mit Hilfe von Aufgabenlisten zum Abhaken realisiert wird. Die Kinder müssen die Listen abarbeiten, während die Mütter erwerbsarbeiten. Dadurch wird Zeitsouveränität gewonnen, ohne an den Ansprüchen Abstriche machen zu müssen. Die Praktik der liebevollen Strenge wird von denen, die sie praktizieren, als absolut notwendig, aber auch als anstrengend beschrieben. Sie bringt hohe emotionale Belastungen mit sich, wenn der andere Elternteil sich anders verhält. Die Sorge, dass das Kind den weniger strengen Elternteil lieber mögen könnte, ist dann ein ständiger Begleiter der familialen

9 Anzumerken ist, dass alle befragten Eltern davon ausgehen, dass sie jenseits dieser Interaktionsformen zur Einflussnahme immer auch mit ihrer ganzen Person Einfluss auf ihr Kind nehmen, also quasi immer als Modell fungieren. Diese Modellfunktion kann entlasten (wenn man die eigene Person als Vorbild versteht), aber auch stark belasten (wenn man die eigene Person nicht als Vorbild sieht). Auf diese wichtige Thematik wird im Kapitel 6.3.1 eingegangen.

Care-Arbeit. Besonders schwierig wird es, wenn Eltern getrennt leben und die Sorge besteht, das Kind könne zum anderen Elternteil ausziehen, weil man selbst vor der Vergleichsfolie des nachgiebigen Elternteils »dann immer die Böse, die Strenge, der Spaßverderber« ist.

> *»Das ist immer wieder reden, reden, reden und diskutieren, dass sie das auch versteht, das ist mir wichtig. Und wenn es dauert, ist es mir egal, irgendwann macht es bei ihr klick.«*

Eine weitere Methode der Einflussnahme ist die Praktik der *beharrlichen Gespräche*. Es ist eine Praktik des Überzeugens. In Gesprächen wird immer wieder gesagt, was wichtig ist, ohne direkte Anweisungen zu geben. Diese Methode des Steter-Tropfen-höhlt-den-Stein braucht einen langen Atem und ab und zu Erfolgserlebnisse, um am Ball bleiben zu können. Einige der befragten Eltern sind sehr davon überzeugt, dass diese Methode des beharrlichen, sich wiederholenden Gesprächs Früchte trägt, und die Kinder die Botschaften irgendwann einsehen und dann entsprechend handeln. Lange intensive Gespräche auf der Basis einer tiefen Beziehung sind für diese Eltern »die wichtigsten Arbeitsmittel«. Einige der befragten Eltern, die diese Einflussnahme praktizieren, sind ambivalenter: Grundsätzlich von der Methode des beharrlichen Redens überzeugt, würden diese ergänzend manchmal auch streng sein können, wissen aber nicht, »wie Streng-Sein geht«.

> *»Das halte ich für ganz wichtig: Die Kinder nur so viel wie nötig zu unterstützen und so wenig wie möglich. Wichtig ist Präsenz.«*

Einige der befragten Eltern sind davon überzeugt, dass *Präsenz* das Wichtigste ist im Umgang mit ihren Kindern. Diese Eltern interagieren weniger direkt, um Einfluss auf ihre Kinder zu nehmen, sondern vertrauen darauf, dass Kinder sich auch »ohne viel Erziehung« in die richtige Richtung entwickeln, wenn man »präsent für sie da ist«. Ein Vater erzählt von praktizierten Methoden, um nach der Erwerbsarbeit den Kopf für die nötige mentale Präsenz freizumachen. Auffällig ist, dass es primär Väter sind, die diese Art der Einflussnahme beschreiben, und zwar Väter, die eine Partnerin an der Seite haben, die das Gros der familialen Care-Arbeit für die Kinder übernimmt.

Deswegen ist zu vermuten, dass diese indirekte Form der Einflussnahme überwiegend dann realisiert wird, wenn nicht die Hauptverantwortung übernommen werden muss.

> *»Da ist immer sehr, sehr viel Vorsicht und Aufmerksamkeit. Anstrengend, anstrengend ohne Ende. Weil man letztendlich nach dem richtigen Weg sucht.«*

Die *ungenügende Einflussnahme* ist eine Praktik des Kampfes oder der Resignation. Die hier verorteten Eltern ringen um ihren Einfluss auf ihre Kinder und beschreiben die Interaktionen zur Einflussnahme auf ihre Kinder als Kampf oder als resigniertes Gewähren-Lassen. Dies wirkt sich ab einem bestimmten Grad auch auf die Güte der Beziehung aus. Der Leidensdruck und die Unzufriedenheit mit der Gesamtsituation sind sehr hoch bei diesen befragten Eltern. Die familiale Care-Arbeit übersteigt ihre Kräfte und es gelingt nicht, ein vorausschauendes Leben mit den Kindern zu leben, sondern diese befragten Eltern versuchen lediglich das zu bewältigen, was gerade ansteht. Es ist eine Praktik des Handelns-auf-Sicht. Die ehemals vorhandenen Faustregeln sind verloren gegangen, weil sie nicht funktioniert haben. Es besteht ein hohes Maß an Handlungsunsicherheit. Diese Eltern belastet es sehr, dass sie keine Zeit haben, nach einem individuellen Weg der Einflussnahme zu suchen. Einige von ihnen sind fest davon überzeugt, dass es durchaus einen Weg gäbe, wenn sie Zeit hätten danach zu suchen.

6.2.3 Wie gestalten Eltern ihre Kooperationen mit unterstützenden Institutionen und Personen?

Auf die Frage nach ihren Kooperationen mit unterstützenden Institutionen und Personen[10] erzählten die befragten Eltern sehr bewegt von den Wegen und Mühen ihrer Zusammenarbeit mit anderen. Die Antworten auf die Frage nach den Kooperationen zeigen, dass sowohl die Anzahl der Kooperationen als auch verschiedene Qualitäten der einzelnen Kooperationen eine wichtige Rolle für die familiale Care-Arbeit für Kinder spielen. Im Hinblick

10 Die entsprechende Nachfrage im Leitfaden lautet: »Welche Institutionen und Personen helfen Ihnen bei der Versorgung Ihres/er Kindes/er: Erzählen Sie doch mal, was diese machen, und wie die Zusammenarbeit mit Ihnen aussieht.«

auf die Anzahl ist zunächst anzumerken, dass die befragten Eltern viele verschiedene Kooperationspartner*innen haben, die sich an der Care-Arbeit für ihre Kinder direkt beteiligen. Zu nennen ist erstens das private Umfeld mit der oder dem Partner*in oder mit dem getrennt lebenden, anderen Elternteil, zweitens die erweiterte Familie mit Großeltern, Tanten etc., drittens die Institutionen mit Schule, Kindertagesstätte, Tagesmutter, Jugendamt, Kinderpsychologen, Elternschulen, Therapeuten, Diagnoseinstituten und Mentoren, viertens die Unterstützer*innen von Freizeitaktivitäten wie Vereinen, Musikschulen u.Ä. sowie fünftens privat bezahlte Hilfen wie Babysitter und Haushaltshilfen zum Putzen, Gärtnern, Liefern etc. Bemerkenswert ist, dass Freund*innen kaum eine Rolle als Unterstützer*innen spielen, Freund*innen werden lediglich von einem befragten Elternteil genannt. Kooperationen gehen alle befragten Eltern ein, jedoch unterschiedlich viele: Während einige primär mit der Kindertagesstätte bzw. der Schule die Care-Arbeit für ihre Kinder teilen und ansonsten viel selbst erledigen wollen oder auch müssen, haben andere ein hochkomplexes Kooperationssystem realisiert mit einer Vielzahl an Kooperationspartner*innen. Grob lassen sich drei Kooperationsgrade unterscheiden:

- niedriger Kooperationsgrad: Es bestehen Kooperationen mit Regelinstitutionen wie Schule, Kindertagesstätte und gegebenenfalls auch mit dem anderen Elternteil.
- hoher Kooperationsgrad: Zusätzlich bestehen Kooperationen mit der erweiterten Familie, mit Freizeitaktivitäten unterstützenden Organisationen wie Vereinen, Musikschulen u.Ä. und Bedarfskooperationen mit temporär Unterstützenden wie Elternschulen, Mentoren, Nachhilfeschulen etc.
- sehr hoher Kooperationsgrad: Zusätzlich bestehen Kooperationen mit einer Vielzahl von bezahlten Hilfen wie Babysittern, Kindersittern, Aupairs und diversen Haushaltshilfen sowie vereinzelt auch unbezahlten Hilfen wie Freund*innen. Es besteht ein komplexes Kooperationssystem.

Das jeweils realisierte Kooperationssystem hängt aber nicht nur von der Anzahl der Kooperationen ab, sondern ebenso von der Qualität der Kooperationen. In den Interviews zeigte sich, dass Kooperationen sehr verschieden beschrieben werden. Es ist zwischen grundlegenden Qualitäten zu unterscheiden, die jeweils mit spezifischen Anforderungen und unterschiedlichem Aufwand einhergehen. Aus den Erzählungen der befragten Eltern zu ihren Kooperationen können vier grundsätzliche Qualitäten ihrer Kooperationen herausgearbeitet und begrifflich gefasst werden. Sie werden im Folgenden zunächst benannt und anschließend beschrieben:

- eingestimmte Kooperationen
- dauerhaft abzustimmende Kooperationen
- autonome Kooperationen
- konfliktäre Kooperationen

> *»Unsere Tagesmutter, das ist eine professionelle Beziehung. Wir hatten seinerzeit Wert darauf gelegt, jemanden zu finden, der nach waldorfpädagogischen Prinzipien erzieht. Wir haben uns eine Zeitlang diese Dame angeschaut und fanden alles gut.«*

Eingestimmte Kooperationen sind Kooperationen, die sehr zufriedenstellend und förderlich empfunden werden, und in denen es darüber hinaus keine großen Abstimmungsprozesse gibt. Ohne viel Kommunikation sind die Eltern zufrieden mit der Arbeit der Kooperationspartner*innen. Sie haben das Gefühl, dass diese Partner genau die Richtigen für sie und für ihre Kinder sind und ko-erziehend agieren. Die Dinge entsprechen den eigenen Vorstellungen und können laufen gelassen werden. Es gibt weder Unzufriedenheit noch Aufwand mit der Gestaltung der Kooperation. Eingestimmte Kooperationen sind eine große Entlastung: Sie verursachen – einmal realisiert – keine großen Folgeaufgaben und keine emotionalen Belastungen. Eingestimmte Kooperationen werden von den befragten Eltern in verschiedenen Bereichen erlebt: Kooperationen mit dem anderen Elternteil, Großeltern, Schulen, Tagesmüttern, Mentoren, Paten und Babysittern sind als eingestimmt beschrieben worden. Auffällig ist, dass lediglich der Bereich der Beratungs- und therapeutischen Kooperationen von den befragten Eltern nie als eingestimmt beschrieben wurde, sondern meist als konfliktär. Aus den Erzählungen über eingestimmte Kooperationen können Kooperationspartner*innen herausgearbeitet werden, die eine auf Einstimmung basierende Kooperation begünstigen: Kooperationspartner*innen, die sehr bewusst und überzeugt ausgewählt wurden und Kooperationspartner*innen, mit denen man die gleichen, oft (sub)kulturellen Werte teilt.

> *»Bei meinen Eltern war noch ganz klar getrennt, wer was zu machen hat und bei meinen Schwiegereltern auch. Bei uns halt nicht. Das gibt viele Diskussionen. Und meinen Beitrag sehe ich oft nicht anerkannt.«*

Die *dauerhaft abzustimmenden* Kooperationen sind Kooperationen, die Aufwand bedeuten, aber nicht grundsätzlich konfliktär sind. In teils mühevollen Abstimmungsprozessen, die Zeit und Nerven kosten, wird versucht die Kooperation zu gestalten. Absprachen über Aufgaben und Prozesse sind ständige Begleiter dieser Kooperationen. Aber auch ein Ringen um Wertschätzung scheint typisch. Für die befragten Eltern sind diese Kooperationen einerseits eine Entlastung, weil sie Aufgaben abnehmen, aber andererseits auch eine Belastung. Denn sie sind verbunden mit einer neuen Daueraufgabe, der der Abstimmung. Dauerhaft abzustimmende Kooperationen werden von den befragten Eltern nur mit dem anderen Elternteil und mit keinen anderen Kooperationspartner*innen beschrieben. Bei dieser Kooperationsform ist zwischen den Kooperationspartner*innen eine permanente Abstimmung nötig, aber auch möglich: Die Kooperationspartner*innen bleiben auf der Ebene der Abstimmungen stets engagiert, ohne nie wirklich an einem Strang zu ziehen oder in einen eingestimmten Rhythmus zu fallen. Es entsteht ein mit Aufwand verbundenes Abstimmungssystem, das weder in eine arbeitsfreie Einstimmung fällt noch in einen richtigen Konflikt noch in eine nebeneinanderher laufende autonome Kooperation. Da dauerhaft abzustimmende Kooperationen im vorliegenden Sample nur bei mitversorgenden Elternteilen vorkommen, ist zu vermuten, dass eine Abwägung zwischen Aufwand und Nutzen nur bei sehr wichtigen und (ehemals) vertrauten Personen zu Gunsten des Nutzens ausfällt. Außerdem entfallen bei Kooperationen mit Elternteilen die ansonsten zumindest beschränkt möglichen Auswahlprozesse der Kooperationspartner*innen. Zudem sind Kooperationssituationen unter Elternteilen oft kurzfristiger und situativer, was mehr Feinabstimmungen erfordert.

> *»Es passiert in der Kita halt relativ wenig, finde ich. Es wird halt wenig gemacht, viel freies Spiel. Ich finde auch, die gehen sehr wenig raus. Aber ich bin natürlich durch meine Arbeitszeiten an eine öffentliche Kita gebunden.«*

Autonome Kooperationen sind Kooperationen, in denen es so gut wie keine Zusammenarbeit gibt, aber auch keine grundsätzliche Zufriedenheit mit der Arbeit des Kooperationspartners besteht. Die Kooperationspartner*innen arbeiten nebeneinander her, stimmen sich kaum ab und nehmen quasi hin, wie die Dinge vom Kooperationspartner gemacht werden. Die befragten Eltern lassen in diesen Kooperationen die Dinge laufen, ohne große Ansprüche zu haben. Sie sind einerseits dankbar für die Unterstützung, weil sie wissen, dass sie darauf angewiesen sind, sind aber andererseits auch nicht grundsätzlich zufrieden, weil eigene Vorstellungen nicht realisiert sind. Trotzdem nehmen die Eltern die Gegebenheiten hin und greifen nicht in das System ein. Typisch für autonome Kooperationen ist, dass trotz diverser Kritikpunkte keine nachhaltigen Versuche unternommen werden, die Dinge zu ändern. Autonome Kooperationen werden von den befragten Eltern in verschiedenen Bereichen erlebt: Vor allem sind es Kooperationen mit Kindertagesstätten, Schulen, sich wenig beteiligenden Vätern und bezahlten Haushaltshilfen, die als autonome Kooperationen beschrieben werden. Auf fällt, dass es sich entweder um von einzelnen Eltern schwer gestaltbare Institutionen (Schule, Kindertagesstätte) oder um wenig erziehende Personen (sich wenig beteiligende Väter, bezahlte Haushaltshilfen) handelt. Daraus lässt sich schließen, dass ein vermuteter geringer Einfluss auf den Kooperationspartner oder eine geringe erzieherische Bedeutsamkeit des Kooperationspartners – d.h. geringe Gestaltbarkeit oder geringe Wichtigkeit – autonome Kooperationen begünstigen.

> *»Die Schule hat es verbockt, und die Eltern müssen es irgendwie ausbügeln. Sobald ein Kind nicht so läuft, wie es sollte, heißt es dann, das Kind hat ADHS, das Kind hat Störungen in der Wahrnehmung und so weiter. Und Eltern müssen dann privat nach der Schule das Kind irgendwie in Ordnung kriegen.«*

Konfliktäre Kooperationen sind Kooperationen, mit denen die befragten Eltern sehr unzufrieden sind, die aber gleichzeitig weder änderbar noch beendbar erscheinen. Die Erwartungen werden nicht erfüllt, so dass keine Einstimmung gegeben ist. Abstimmungsprozesse sind entweder gar nicht erst erfolgt oder gescheitert. Die Anliegen sind so zentral, dass eine autonome Kooperation, in der jeder Kooperationspartner nebeneinander her die Kinder betreut, emotional nicht möglich ist. Die Kooperation ist ein großer Belastungsfaktor: Man ist mit dem Kooperationspartner sehr unzufrieden, kann ihn aber weder verändern noch quittieren noch eine gleichgültige Haltung ihm gegenüber entwickeln. Konfliktäre Kooperationen konzentrieren sich auf drei Bereiche: Ein anders erziehender Elternteil, die Schule, wenn das Kind Schulprobleme hat und generell Beratungs- und therapeutische Einrichtungen sind von den befragten Eltern häufig als konfliktär beschrieben worden. Sie entstehen insbesondere dann, wenn der Eindruck entsteht, dass die Aufgabe, die der Kooperationspartner übernommen hat, sehr wichtig ist, aber nicht angemessen ausgeführt oder in Teilen zurückdelegiert wird.

6.3 Welche Ressourcen bringen Eltern ein?

Im Folgenden werden die Ergebnisse zu den Fragen nach den Ressourcen[11] vorgestellt (zur Begründung der Fragestellung siehe Kapitel 4.1). Die Kompetenzen (Kapitel 6.3.1), die verwendeten Arbeitsmittel (Kapitel 6.3.2) und die Kraftquellen (Kapitel 6.3.3) der befragten Eltern werden nacheinander beschrieben.

---

11 In diesem Kapitel geht es um die personenbezogenen Ressourcen. Zentrale umweltbezogene Ressourcen wie Zeit, Geld und institutionelle Unterstützung finden an anderen Stellen Berücksichtigung. Siehe auch Fußnote 6 in Kapitel 4.1.

6.3.1 Welche Kompetenzen unterstützen Eltern?

Auf die Frage, welche Fähigkeiten[12] ihnen in ihrem Alltag mit ihren Kindern besonders helfen, antworteten die befragten Eltern meist zögerlich, manchmal wurde auch spontan angemerkt, dass man keine besonderen Fähigkeiten habe. Erst nach einer bestätigenden Aufforderung noch einmal darüber nachzudenken, kamen zaghafte Äußerungen. Das Gros der befragten Eltern war sich der eigenen Fähigkeiten bzw. Kompetenzen also gar nicht bewusst. Andererseits gab es aber auch vereinzelt eine sehr bewusste und wertschätzende Einschätzung der Kompetenzen von Eltern. So berichtete ein Vater beispielsweise, dass er bei der Auswahl von Führungskräften darauf achtet, dass diese privat Kinder zu versorgen haben. Dieser Vater ist davon überzeugt, dass zentrale Führungskompetenzen ausschließlich durch aktive Elternschaft erworben werden können: beispielsweise eine besondere Form von Beharrlichkeit (»weitermachen, wo andere längst aufgeben«) und Flexibilität (»tiefes Wissen, dass jeder Mensch was anderes braucht«). In den Antworten der befragten Eltern wird deutlich, dass Kompetenzen aus ihrer Sicht größtenteils als mitgebracht gedeutet werden, vereinzelt auch als in Schulungen erworben.[13] Abweichend zu den theoretischen Kompetenzmodellen (zu den Modellen siehe Kapitel 4.1) nehmen die befragten Eltern ihre Kompetenzen weniger als in der Tätigkeit erworbene, sondern eher als

12 Die entsprechenden Nachfragen im Leitfaden lauten: »Erzählen Sie mir bitte etwas über Ihre Fähigkeiten, die Ihnen in Ihrem Leben mit Ihrem/n Kind/ern helfen.« »Wenn es Qualifizierungsschulungen für Eltern gäbe, welche Inhalte würden Ihnen am meisten weiterhelfen?« In der Frage wurde abweichend von der Darstellung der Ergebnisse der Begriff der Fähigkeiten genutzt, da er näher an der Alltagssprache ist. Grundsätzlich werden die Begriffe Kompetenz und Fähigkeit in dieser Studie synonym benutzt. Siehe auch Fußnote 8 in Kapitel 4.1.

13 Zur Frage, inwieweit man dringend benötigte Kompetenzen überhaupt erlernen kann, gehen die Überzeugungen der befragten Eltern weit auseinander. Das Spektrum geht von Befürwortung von Pflichtschulungen für Eltern bis hin zu der Meinung, insbesondere Erziehung könne einem nicht beigebracht werden. Auf die Frage nach ihrem Qualifizierungsbedarf gab es entsprechend unterschiedliche Antworten. Ca. die Hälfte der befragten Eltern finden Schulungen zwar grundsätzlich wichtig, aber in der derzeit angebotenen Form wenig hilfreich. Die andere Hälfte findet Schulungen unnötig, teils weil sie meint, dass man Erziehung nicht lernen kann, teils weil sie die eigene Intuition hilfreicher findet. Nur ein befragter Elternteil beurteilt Schulungen sowohl als grundsätzlich sehr wichtig, als auch das derzeitige Angebot als sehr hilfreich.

vorhandene Kompetenzen wahr. Dafür erzählen sie aber von verloren gegangenen Kompetenzen, also von ehemals vorhandenen Kompetenzen, die im Laufe ihrer Elternschaft abhandengekommen sind. So haben einige der befragten Eltern die dringend benötigte Kompetenz der Gelassenheit über die anstrengenden Jahre verloren. Die permanente Überforderung hat bei ihnen eine Abwärtsspirale in Gang gesetzt. In den Antworten wird quasi als Nebenprodukt eine theoretische Lücke in den Kompetenzmodellen sichtbar, denn diese vernachlässigen weitgehend, dass Kompetenzen auch verloren gehen können.

Die befragten Eltern benennen nach anfänglichem Zögern viele Kompetenzen, die ihnen helfen, ihre Kinder zu versorgen. Diese lassen sich fünf Kompetenzbereichen zuordnen: Beziehungskompetenz, Erziehungskompetenz, Organisationskompetenz, Emotionskontrolle und persönliche Stabilität[14]. Tabelle 6 zeigt einen Überblick der genannten Kompetenzen, geordnet in die Kompetenzbereiche, die nachfolgend näher beschrieben werden.

Tabelle 6: Genannte Kompetenzen – geordnet nach Kompetenzbereichen

Kompetenzbereiche	Kompetenzen
Beziehungskompetenz (emotionaler Umgang mit den Kindern)	Empathie Flexibilität Vorstellung eines liebevollen Umgangs Verlässlichkeit/Verantwortungsbewusstsein
Erziehungskompetenz (Einflussnahme auf die Kinder)	Strenge/Konsequenz Motivieren: zu Aufgabenbeteiligung und sinnvollen Beschäftigungen
Organisationskompetenz (Vorausschau)	Planen Organisieren
Emotionskontrolle (Umgang mit sich selbst)	Gelassenheit/Geduld Aushalten-Können/Loslassen-Können/Nicht-nachtragend-Sein
Persönliche Stabilität (Verfassung der ganzen Person)	Mentale Kraft/Präsenz Lebensfreude/Leichtigkeit Vorbildlichkeit Authentizität Resilienz

14 Dieser Bereich reicht weit über den Kompetenzbegriff hinaus. Er wurde hier trotzdem unter den Kompetenzbegriff subsummiert, weil fast alle befragten Eltern auf die Frage nach ihren Kompetenzen auch über die Verfassung ihrer ganzen Person, d.h. über ihre persönliche Stabilität, gesprochen haben.

Unter *Beziehungskompetenz* lassen sich die genannten Kompetenzen Empathie, Flexibilität, Vorstellung eines liebevollen Umgangs und Verlässlichkeit/Verantwortungsbewusstsein subsummieren. Die befragten Eltern beziehen sich in diesem Bereich ausschließlich auf die Beziehung zu ihren Kindern und nie auf Kompetenzen zur Gestaltung der Kooperationsbeziehungen mit unterstützenden Institutionen und Personen. Das heißt zwar nicht unbedingt, dass sie keine entsprechenden Kompetenzen haben, aber es bedeutet, dass das Bewusstsein für Kooperationsanforderungen und damit auch für die entsprechenden Kompetenzen fehlt. Empathie ist die am meisten genannte Kompetenz nicht nur in diesem Kompetenzbereich, sondern auch über alle Kompetenzbereiche hinweg. Gemeint ist die Fähigkeit, sich in die Kinder hineinzuversetzen und die Welt mit den Augen der Kinder zu sehen. Das Gros der befragten Eltern betont die Individualität von Kindern, und die damit verbundene je spezifische Weise eines liebevollen Umgangs. In die gleiche Richtung verweist die Kompetenz der Flexibilität, worunter die befragten Eltern verstehen, situativ zu agieren und damit flexibel in ihren Verhaltensweisen sein zu können. Fast alle befragten Eltern betonen mehrfach, dass es kein Rezept zum Umgang mit Kindern gibt, weil jedes Kind anders ist. Einige der befragten Eltern benennen als Kompetenz das Vorhandensein einer eigenen Vorstellung eines liebevollen Umgangs mit den Kindern. Sie sind der Meinung, dass man ohne eine Vorstellung eines liebevollen Umgangs keine gute Elternschaft realisieren kann. Auch Verlässlichkeit und Verantwortungsbewusstsein empfinden viele der befragten Eltern als Kompetenz, die sie haben und auch brauchen, um eine gute Beziehung zu ihrem Kind aufbauen zu können.

Unter *Erziehungskompetenz* sind zwei Kompetenzen subsummiert: Strenge/Konsequenz und die Kompetenz, die Kinder zum sinnvollen Handeln zu motivieren. Strenge/Konsequenz hat einen ähnlich hohen Stellenwert über alle befragten Eltern hinweg wie Empathie. Von einigen befragten Eltern wird sie allerdings nur gewünscht, kann aber nicht gelebt werden. Diese Eltern vermissen eine Vorstellung von Durchsetzungsmacht, insbesondere Vorstellungen von »angemessenen Strafen« bei Widersetzung der Kinder. Einige der befragten Eltern benennen als sehr hilfreiche Kompetenz die Fähigkeit, ihre Kinder an Aufgaben zu beteiligen. Oder auch generell die Fähigkeit, ihre Kinder zu sinnvollen Beschäftigungen motivieren zu können.

Unter *Organisationskompetenz* fallen alle planerischen und organisatorischen Fähigkeiten, um in der Vorausschau Ereignisse zeitlich zu planen und vorzubereiten. Es geht grundsätzlich um ein zukunftsbezogenes, gestalterisches Handeln. Organisationskompetenz wird nur von einem Teil der befragten Eltern genannt. An dieser Stelle sei schon einmal darauf hingewiesen, dass es in der Typologie sowohl einen Typ gibt, in dem Organisationskompetenzen von keinen Vertreter*innen genannt werden, als auch einen Typ, in dem Organisationskompetenzen von allen Vertreter*innen genannt werden. Das verweist auf die hohe Bedeutung dieses Kompetenzbereiches für die grundsätzliche Art des familialen Care-Handelns für Kinder.

Unter *Emotionskontrolle* fällt einerseits Gelassenheit und andererseits Aushalten-Können. Bemerkenswert ist, dass Gelassenheit neben Empathie und Strenge/Konsequenz zu den wichtigsten Kompetenzen über alle Bereiche hinweg zählt. Aushalten können ist ebenso eine sehr bemerkenswerte Kompetenz, vor allem auch, weil sie im Widerspruch zum Zeitgeist der Proaktivität steht.

Bedeutsam ist der gesamte fünfte Bereich: die *persönliche Stabilität*[15]. Dieser Bereich geht weit über den Kompetenzbegriff hinaus. Die persönliche Stabilität ist weit schwerer zu beeinflussen als andere Kompetenzbereiche, sie verschließt sich Beratungen und Schulungen. Das heißt nicht, dass die persönliche Stabilität statisch und unveränderbar ist, aber ein Mensch muss schon grundsätzlich an sich selbst und seinen Lebensbedingungen rütteln, um seine persönliche Stabilität zu verändern. Viele der befragten Eltern nennen mentale Kraft oder Präsenz als zentrale Kompetenzen im Umgang mit ihren Kindern. Auch Lebensfreude und Leichtigkeit werden oft genannt. Vorbildlichkeit, Authentizität und Resilienz sind weitere wichtige Kompetenzen in den Augen der befragten Eltern. Alle befragten Eltern betonen

---

15 Man könnte die persönliche Stabilität – noch zugespitzter – auch als Arbeitsmittel auffassen. Im wissenschaftlichen Kontext wäre das durchaus zu rechtfertigen. So ist es beispielweise durchaus breit akzeptiert, dass Gefühle als Arbeitsmittel bezeichnet werden (Dunkel 1988). Warum also nicht die Vorbildlichkeit oder die mentale Kraft? Der Begriff Arbeitsmittel hätte den Vorteil, dass sehr deutlich werden würde, dass Eltern jederzeit mit ihrer ganzen Person wirken. Die Interviews zeigen, dass die befragten Eltern allesamt davon ausgehen, dass sie mit ihrer ganzen Person auf ihre Kinder einwirken. In Anlehnung an die Formulierung des ersten Kommunikationsaxioms von Watzlawick »Man kann nicht nicht kommunizieren.« (https://www.paulwatzlawick.de/axiome.html [23.04.2019]), könnte ein entsprechendes Axiom der familialen Care-Arbeit für Kinder lauten: Eltern gehen davon aus, dass sie auf ihre Kinder nicht nicht wirken können. Diese Gewissheit macht Eltern mit ihrer ganzen Person quasi zu einem permanenten Arbeitsmittel.

in vielen Passagen die Wirkung ihrer eigenen Person auf ihr Kind und sind überzeugt davon, dass sie eine Vorbildfunktion haben (müssen). Eltern, die der Meinung sind, ihr derzeitiges Leben taugt nicht als Vorbild, erzählen von belastenden Vortäuschungen, um die eigene Vorbildlichkeit nicht zu gefährden. So täuscht eine Mutter ihren Kindern eine Erwerbsarbeit vor, aus Angst, die Kinder könnten den Kompass Erwerbsarbeit und damit die Einsicht in die Notwendigkeit einer Anstrengungsbereitschaft in der Schule verlieren. Elternschaft erhöht also nicht nur den Druck zur Reflexion des eigenen Lebensstils, sondern führt oft weit darüber hinaus auch zur Selbstanrufung: Sei so, wie du es auch richtig für deine Kinder findest. Diese Selbstanrufung ist eine an sich selbst gestellte Anforderung, die ein hohes Maß an Selbstkontrolle und bei Nicht-Realisierbarkeit belastende Notlügen hervorbringen kann. Deutlich wird in den Interviews auch, dass die persönliche Stabilität umso wichtiger wird, je geringer die erzieherische Einflussnahme auf die Kinder ist. Deutlich wird, dass Eltern mit geringer Einflussnahme, aber empfundenem vorbildlichem Leben, Kraft aus der Überzeugung schöpfen, dass sie langfristig als Modell eine positive Wirkung auf ihre Kinder haben. Eltern mit geringer Einflussnahme und zugleich empfundener mangelnder Vorbildfunktion erzählen dagegen nicht von Möglichkeiten der Kompensation ihrer Ängste, im Gegenteil es entwickelt sich eine aus mangelnder Einflussnahme und mangelnder Vorbildfunktion resultierende Sorgenspirale. Daraus kann die Schlussfolgerung gezogen werden, dass Eltern mit mangelndem Einfluss auf ihre Kinder und gleichzeitig wenig empfundener Vorbildfunktion eine besondere Unterstützung brauchen.

6.3.2 Welche Arbeitsmittel unterstützen Eltern?

Auf die Frage nach verwendeten Arbeitsmitteln[16] reagierten die meisten befragten Eltern sehr überrascht: Einige konnten mit dem Begriff zunächst nichts anfangen, andere fanden diese Frage besonders interessant. Viele fragten nach, was genau gemeint sei. Nach der spontanen Aufzählung der wichtigsten Haushaltsgeräte mussten viele der befragten Eltern eine ganze Zeit nachdenken, was darüber hinaus eigentlich ihre Arbeitsmittel seien. Die genannten Haushaltsgeräte werden an dieser Stelle nicht beschrieben,

16 Die entsprechende Nachfrage im Interview lautete: »Welche Hilfsmittel oder Arbeitsmittel, die Sie zur Versorgung ihres/r Kindes/r nutzen, fallen Ihnen spontan ein?«

da sich die Ergebnisse der vorliegenden Studie weniger auf Hausarbeit, sondern primär auf interaktive Care-Arbeit beziehen. Die Antworten jenseits der Haushaltsgeräte lassen sich in drei Funktionsbereiche gliedern, in denen die befragten Eltern Arbeitsmittel einsetzen: Zeit- und Aufgabenplanung, Mobilität und Erreichbarkeit sowie Einflussnahme auf die Kinder sind die zentralen Bereiche, in denen Arbeitsmittel jenseits der Haushaltsgeräte genannt wurden. Tabelle 7 zeigt die zentralen Arbeitsmittel geordnet nach diesen drei Bereichen, wobei der Bereich Einflussnahme auf die Kinder nochmals in drei Unterbereiche gegliedert ist: Beschäftigung, Zeit- und Aufgabenplanung und Verhaltensregulation.

Tabelle 7: Genannte Arbeitsmittel über Haushaltsgeräte hinaus – geordnet nach Funktionsbereichen

Funktionsbereiche	Arbeitsmittel
Zeit- und Aufgabenplanung	Terminkalender (teilw. elektronisch) To-do-Listen Erinnerungslisten (Smartphone)
Erreichbarkeit und Mobilität	Handy Auto Fahrrad Kinderwagen, Buggy
Einflussnahme auf die Kinder	
Beschäftigung der Kinder	gutes Spielzeug zur Entwicklung Lernspielzeug zur Entwicklung Alltagsgegenstände zur Entwicklung Filme etc. zum Ruhigstellen
Zeit- und Aufgabenplanung der Kinder	Familienplaner Aufgabenlisten für Kinder
Verhaltensregulation der Kinder	Aufgabenlisten für Kinder Gespräche

Zur *Zeit- und Aufgabenplanung* bedienen sich die befragten Eltern einer breiten Palette von Arbeitsmitteln: Familienplaner, To-do-Listen, elektronische Terminplaner und Erinnerungslisten auf dem Smartphone sind hier besonders zu nennen. Die individuelle Nutzung reicht von einfachsten Kalendern im Haus, in die meist nur die variablen Termine eingetragen werden, bis hin zu einer mobilen Nutzung von Planungshilfen (meist auf dem Smartphone), die eine ständige Nutzungsmöglichkeit bieten. Mobile Planungshilfen sind von den befragten Eltern, die sie nutzen, als unersetzlich beschrieben worden. Ohne die Möglichkeit, anstehende Aufgaben stets und alltagsbegleitend – also wann immer einem etwas einfällt, was erledigt werden muss – notieren zu können, halten diese Eltern ihre familiale Care-Arbeit für Kinder nicht leistbar. Sie berichten davon, dass zu erledigende Aufgaben bei den verschiedensten Gelegenheiten ins Bewusstsein dringen, und dass diese dann auch sofort notiert werden müssen, um sie nicht wieder zu vergessen. Diese mobilen Planungshilfen, die stets zur Verfügung stehen und genutzt werden, erinnern an die Praxis von Künstler*innen, stets ein Notizbuch dabei zu haben, um spontane Eindrücke und Gedanken festhalten zu können.

Erreichbarkeit und Mobilität ist ebenfalls ein zentraler Bereich, in dem Arbeitsmittel eine wichtige Rolle spielen. Das Handy ist ein wichtiges Arbeitsmittel zur Erreichbarkeit bei räumlicher Distanz. Die befragten Eltern versuchen allerdings das Handy mit Bedacht einzusetzen, um der Gefahr der unangemessenen Kontrolle zu entgehen. Im Bereich Mobilität wurden Kinderwagen, Buggy und Fahrrad, aber vor allem das Auto genannt. Das Auto wurde oft auch erwähnt, wenn keins zur Verfügung stand, nämlich als schmerzlich vermisstes Arbeitsmittel, um dem öffentlichen Raum zu entkommen. Deutlich wurde, wie weit weniger anstrengend die individualisierte Mobilität gegenüber der öffentlichen Mobilität in öffentlichen Verkehrsmitteln ist. Bei der Nutzung individualisierter Verkehrsmittel, insbesondere dem Auto, geht es nicht nur darum, von A nach B zu kommen, sondern auch darum, nicht mit dem Kind in engen, öffentlichen Räumen, wie sie Busse und Bahnen darstellen, vor Publikum interagieren zu müssen. Fahrten mit Bussen und Bahnen werden von etlichen befragten Eltern als großer Stressfaktor beschrieben. Die öffentliche Sichtbarkeit von bestimmten Situationen, beispielweise in denen die Eltern ihre Kinder bändigen müssen, werden als emotional sehr belastend empfunden. Ganz besonders belastend beschreibt eine Mutter mit Migrationshintergrund ihre Fahrten mit ihren Kindern in öffentlichen Verkehrsmitteln. Sie erzählt in diesem Zusammenhang sehr betroffen, dass sie sich (erst) als Ausländerin fühlt, seit sie eigene Kinder hat. Die entsprechenden Blicke von anderen Fahrgästen, wenn ihre Kinder zu laut sind, vermitteln ihr dieses Gefühl. Von daher ist zu vermuten, dass für Eltern mit einer prekären sozialen Zugehörigkeit die öffentliche Sichtbarkeit konfliktärer Interaktionen noch belastender ist als für alle anderen Eltern. Situationen, die eine positive Selbstdarstellung verhindern, können quasi das Bewusstsein der eigenen prekären sozialen Zugehörigkeit schärfen oder sogar erst wecken.

Auch die *Einflussnahme auf die Kinder* wird durch Arbeitsmittel unterstützt: eher indirekt über Beschäftigungsmöglichkeiten oder auch direkter über Zeit- und Aufgabenplanung sowie Interventionen zur Verhaltensregulation. Dinge, die alltagssprachlich als Spielzeug bezeichnet werden, wurden von den befragten Eltern als Arbeitsmittel zur Beschäftigung der Kinder genannt. Die befragten Eltern unterscheiden primär zwei Arten von Beschäftigungsmitteln: Beschäftigungsmittel, die zur Entwicklung der Kinder beitragen (entwicklungsförderndes Spielzeug) und Beschäftigungsmittel zum Ruhigstellen, um sich beispielsweise wichtigen Telefonaten konzentriert zuwenden zu können (Fernsehen, Tablet). Zur Zeit- und Aufgabenplanung der Kinder nutzen die befragten Eltern Kalender oder Familienplaner, in die die Termine der Kinder notiert werden. Darüber hinaus nutzen einige Arbeitsmittel, um ihre Kinder dazu zu bewegen, Aufgaben zu erledigen, wenn sie selbst nicht anwesend sind. Dazu fertigen sie aufwendige To-do-Listen mit Aufgaben an, die die Kinder abarbeiten sollen, wenn sie selbst noch nicht zu Hause sind, beispielsweise nach der Schule, wenn die Eltern noch erwerbsarbeiten. Dieses Mittel ist bemerkenswert, weil es die direkte persönliche Anweisung ersetzt und Anweisungen auch bei Abwesenheit erlaubt, es quasi als Elternsubstitut fungiert. Als Arbeitsmittel bezeichnen einige befragte Eltern auch Dinge, die keine materialisierten Arbeitsmittel, sondern im eigentlichen Sinne Methoden sind. Auf die Frage nach Arbeitsmitteln nannten einige das Gespräch als ihr wichtigstes Arbeitsmittel. Durch Gespräche wird versucht, ohne Druck auf die Kinder einzuwirken. Getreu dem Motto Steter-Tropfen-höhlt-den-Stein wiederholen diese Eltern in intensiven Gesprächen immer wieder geduldig und beharrlich wichtige Botschaften, in der berechtigten Hoffnung, dass davon »irgendetwas hängen bleibt« und ihre Gespräche Wirkung zeigen (siehe Kapitel 6.2.2).

6.3.3 Welche Kraftquellen unterstützen Eltern?

Wie im Kapitel 4.1. erläutert, integrieren die Ergebnisse zu den Kraftquellen sowohl die Antworten der Eltern zu ihrer erhaltenen Anerkennung als auch ihre Antworten zu weiteren mentale Kraft spendenden Ressourcen.[17] In Ta-

17 Die entsprechenden Nachfragen im Interview lauten: »In welchen Situationen und von wem erhalten Sie Anerkennung für Ihre Arbeit mit Ihrem/n Kind/ern?«, »Erzählen Sie mir von weiteren Kraftquellen, die Ihnen helfen.«

belle 8 sind die zentralen Ergebnisse gelistet, die im Anschluss an die Tabelle näher beschrieben werden.

Tabelle 8: Genannte Anerkennungsgeber und weitere Kraftquellen (die Rangfolge entspricht der Häufigkeit der Nennungen)

Bereich	Kraftquellen
Anerkennung als Kraftquelle: Anerkennungsgeber	erweiterte Familie (Eltern, Schwiegereltern, Schwester etc.) Freund*innen, Nachbar*innen, Kolleg*innen, Lehrer*innen Kinder die eigene Person
weitere Kraftquellen	Leben mit Kind Zeit ohne Kind Gespräche mit erweiterter Familie/Freund*innen Umgang mit Tieren Erwerbsarbeit

Bemerkenswert an den Antworten auf die Frage nach der erhaltenen Anerkennung ist, dass die befragten Eltern sehr bescheiden antworten. Nur am Rande erzählen sie von vermisster Anerkennung. Etliche befragte Eltern erzählen dagegen, dass sie entweder genügend Anerkennung bekommen, oder dass sie keine Anerkennung bräuchten, weil sie wissen, dass sie »gut sind«. Bemerkenswert ist auch, dass zwei der befragten Eltern angeben, keine Anerkennung zu wollen, weil sie den Eindruck haben, dass Anerkennung in Anbetracht ihres »anstrengenden Lebens« oft den Beigeschmack von Mitleid hat. Als Anerkennungsgeber spielen die erweiterte Familie, also die eigenen Eltern und hier meist die Mutter, aber auch die Schwiegereltern und Geschwister die größte Rolle. Danach kommt die Gruppe Freund*innen, Nachbar*innen, Kolleg*innen, Lehrer*innen. Insbesondere von dieser Gruppe werden wertschätzende Äußerungen über die Kinder sehr geschätzt und als Anerkennung wahrgenommen. Anrufungen, dass die Kinder »gelungen«, »toll«, »nett«, »gut erzogen« sind, haben eine bedeutende anerkennende Wirkung auf die befragten Eltern, und noch einmal in besonderer Weise, wenn sie von Personen ausgesprochen werden, die nicht zur Familie gehören. Die Kinder selbst haben auch eine hohe Bedeutung als Anerkennungsgeber. Kinder geben direkt Anerkennung über beziehungsbestätigende Aussagen wie: »Ich habe dich lieb«, oft auch mit Betonung der Einzigartigkeit: »Du bist die/

der beste Mama/Papa der Welt«, oder indirekt über die erfolgreiche Teilhabe an der Leistungsgesellschaft, insbesondere über Erfolg in der Schule, aber auch über Erfolg in Hobbys und Ähnlichem. Die eigene Person ist ebenfalls oft ein Anerkennungsgeber, bei einigen befragten Eltern sogar der einzige. Aussagen wie: »Ich brauche keine Anerkennung, ich weiß, dass ich toll bin«, werden von mehreren befragten Eltern getroffen. Auf fällt, wie selten der jeweils andere Elternteil als Anerkennungsgeber*in genannt wird. Explizit problematisiert wird die mangelnde Anerkennung des Partners allerdings nur von einer Person. Eher am Rande wird von vielen befragten Eltern angemerkt, dass sie sich mehr Anerkennung von der Gesellschaft wünschen. Diese Randständigkeit kann ein Hinweis auf Resignation sein: Ein Hinweis auf fehlenden Glauben und Hoffnung, dass es anders werden könnte.

Über Anerkennung hinaus erzählen die befragten Eltern von weiteren Kraftquellen, die ihnen helfen, ihre familiale Care-Arbeit für Kinder leisten zu können. Hier sind an erster Stelle die Kinder selbst zu nennen. Kinder sind nicht nur als Anerkennungsgeber, sondern ganz einfach durch ihr Dasein oft schon eine große Kraftquelle für die befragten Eltern. Mit Blick auf die hohen Belastungen (siehe Kapitel 6.4) kann festgehalten werden, dass die eigenen Kinder sowohl Kraft kosten als auch Kraft geben. Eine weitere bedeutende Kraftquelle der befragten Eltern ist Zeit ohne Kinder. Für einige der Eltern ist Zeit ohne Kinder eine absolut notwenige Rahmenbedingung für ihre familiale Care-Arbeit für Kinder. Nur in kinderfreien Zeiten gelingt es ihnen, die notwendige mentale Kraft zu regenerieren. Gespräche mit den eigenen Eltern und Geschwistern sind ebenfalls wichtige Kraftquellen. Aber auch das Zusammensein mit Tieren hat eine hohe Bedeutung als Kraftquelle. So sind für einige der befragten Eltern Pferde die zentrale Kraftquelle. Diese Eltern sind sich sicher, dass sie ohne die Zeit allein mit ihren Pferden nicht genügend Kraft für den Alltag mit ihren Kindern hätten. Von einer Mutter wird auch explizit ihre Erwerbsarbeit als Kraftquelle genannt. Die »völlig andere und getrennte« Tätigkeit in der Erwerbsarbeit gibt ihr die nötige Kraft für ihre zu leistende familiale Care-Arbeit für Kinder.

6.4 Was belastet Eltern?

Nachdem die befragten Eltern von ihrem Tagesablauf und von ihren Tätigkeiten erzählt haben, wurden sie gefragt, was sie als ganz besonders belastend empfinden.[18] Die befragten Eltern erzählten auf die Frage nach ihren besonderen Belastungen viel von ihren Kindern selbst: von sporadischen schwierigen Interaktionen, von Schulproblemen ihrer Kinder, von der Anstrengung der notwenigen Einflussnahme, von »schwierigen Kindern«, auf die man nicht genügend einwirken kann und ganz generell von der Schwierigkeit von »Erziehung«. Darüber hinaus werden Zeitmangel, Mangel an mentaler Kraft, Geldmangel, konfliktäre Kooperationen vor allem auch mit dem anderen Elternteil, Handlungsunsicherheit, Allverantwortlichkeit und Unvorhersehbarkeiten wie Krankheiten der Kinder als wesentliche Belastungsfaktoren genannt. Im Folgenden werden die von den befragten Eltern genannten Belastungen entlang von drei analytischen Bereichen vorgestellt: hohes Anforderungsprofil, Mangel an umweltbezogenen Ressourcen und Mangel an persönlicher Stabilität.

18 Nach den ausführlichen Beschreibungen ihres Care-Handelns für ihre Kinder bedeutete die Frage »Was belastet sie am meisten?« einen Bruch in der Erzähllogik. Von daher ist zu vermuten, dass die befragten Eltern weniger reflektierend die allgemeine Belastungssituation wiedergegeben, sondern vielmehr sehr spontan von dem erzählt haben, was sie emotional aufreibt.

Hohes Anforderungsprofil: Gebot der Einflussnahme im Kontext von Widerständigkeit[19], Handlungsunsicherheit, Allverantwortlichkeit und ungünstigen Kooperationen

> *»Ich hoffe, bete immer so dafür in mir selber, dass sie [die Kinder] stark genug werden, um durch das schwere Leben weiterzukommen.«*

Allen befragten Eltern ist die Einflussnahme[20] auf ihre Kinder sehr wichtig und gleichzeitig »harte Arbeit«. Einflussnahme im Sinne von Erziehung wird von allen befragten Eltern als wichtigste und gleichzeitig schwierigste Teilaufgabe ihrer familialen Care-Arbeit für Kinder angesehen. Erziehung bedeutet Einflussnahme mit dem Ziel, dass die Kinder »später als Erwachsene gut zurechtkommen«, wobei auf keinen Fall die Beziehung zueinander gefährdet werden darf. Familiale Care-Arbeit für Kinder bedeutet für viele der befragten Eltern primär ein Ringen um diese Einflussnahme: Sie wollen und brauchen beziehungsförderliche Wirkmächtigkeit gegenüber ihren Kindern oder anders ausgedrückt liebevolle Macht, wissen aber oft nicht, wie das gehen soll. Aus der ungünstigen Kombination zwischen einerseits hoher Wichtigkeit und andererseits Schwere der Machbarkeit resultiert eine hohe Belastung. Die befragten Eltern erzählen vielfach von ihrer Sorge um die Zukunftsfähigkeit des eigenen Kindes. Allen ist es sehr wichtig, ihre Kinder auf den richtigen Weg zu bringen. Sie folgen in ihrer Erziehung sozusagen einem Entwicklungsauftrag für ein »gutes Leben ihrer Kinder«. Die Antworten geben auch Auskunft darüber, was die Erziehung so schwer macht: die hohen gesellschaftlichen Anforderungen an Kinder, um diese zur

---

19 Den Begriff der Widerständigkeit habe ich gewählt für Situationen, in denen Kinder nicht die Dinge umsetzen, die die Eltern in dieser Situation von ihnen wollen, sondern mit Verweigerung, Aussitzen o.Ä. Verhalten reagieren. Der Begriff soll das »Nichtwollen« von Kindern, wie ein Vater es nennt, zum Ausdruck bringen. Auf keinen Fall soll mit dem Begriff ausgedrückt werden, dass es ein schuldhaftes Verhalten der Kinder ist, das es zu vermeiden gilt. Kindliche Widerstände in Maßen begreife ich als einen grundsätzlich vorhandenen Teil der familialen Care-Arbeit für Kinder. Dennoch ist es für Eltern ein besonderer Teil der Arbeit, der besondere Belastungen mit sich bringt. Und je höher bzw. unpassender die Anforderungen an Kinder sind, desto mehr kindliche Widerstände wird es geben. Insofern hängt der Grad der Widerständigkeit auch stark von den jeweiligen gesellschaftlichen Rollenerwartungen an Kinder ab.

20 Erziehung und Einflussnahme sind hier synonym verwendet. Zur Begründung siehe Fußnote 7 in Kapitel 6.2.2.

zukünftigen Teilhabe an einer meritokratischen Gesellschaft zu ermächtigen, der Widerstand von Kindern gegen diese Anforderungen, die eigene Handlungsunsicherheit, die gefühlte Allverantwortlichkeit und beteiligte Institutionen und Personen, die nicht am gleichen Strang ziehen. Diese die Erziehung erschwerenden Faktoren werden nachfolgend näher beschrieben.

Die befragten Eltern thematisieren die hohen Anforderungen, die gesellschaftlich an Kinder gestellt werden, und die allgemeine »Schwere des Lebens«, auf die sie ihre Kinder vorbereiten müssen. Das Aushalten-Müssen des »Nichtwollens« der Kinder, das mit Einflussnahme oft einhergeht, stellt eine hohe Belastung für die meisten der befragten Eltern dar. Extrem wird diese Belastung, wenn das »Nichtwollen« ein Dauerzustand ist und nicht mehr als Phase gedeutet wird, die vorübergeht, wie beispielsweise die Trotzphase und die Pubertät. Einige der befragten Eltern erwähnen in diesem Zusammenhang fehlende Methoden der Einflussnahme, Methoden, die sie ihrer Meinung nach dringend bräuchten, aber aus sich heraus nicht entwickeln können. So erzählten mehrere der befragten Eltern, dass sie Strenge bräuchten, aber nicht wüssten, »wie Streng-Sein geht«, weil ihnen »keine sinnvollen und anwendbaren Konsequenzen« zur Verfügung stünden. Diese praxeologische Leerstelle ist für die befragten Eltern, die sie benennen, ein großes Problem, und verhindert aus ihrer Sicht einen angemessenen Grad an Einflussnahme.[21] Diese Eltern thematisieren indirekt ein Missverhältnis zwischen den hohen gesellschaftlichen Anforderungen an Kinder einerseits und der unzureichenden Durchsetzungsmacht von Eltern andererseits. Darüber hinaus belastet viele der befragten Eltern die Ungewissheit, erstens

21 Vor ein paar Wochen konnte ich in der S-Bahn einem Gespräch folgen, was dieses Thema auf den Punkt gebracht hat. Zwei sich unbekannte Menschen mit Migrationshintergrund führten ein Gespräch über die Erziehung ihrer Kinder. Sie tauschen sich darüber aus, wie schwierig sie es in Deutschland finden, Einfluss auf ihre Kinder zu nehmen. Sie reden über ihre Sorgen, dass ihre Kinder sich deswegen nicht gut entwickeln. Sie vermissen Sanktionsmaßnahmen für eine gute Erziehung. Sie gehen Sanktionsmaßnahmen aus ihrem ursprünglichen Kulturkreis durch, und verwerfen diese, als in Deutschland nicht möglich. Zurück bleibt eine praxeologische Leerstelle: Beiden fehlt eine kulturelle Praxis der Einflussnahme auf ihre Kinder, die für sie sinnvoll, handhabbar und erfolgversprechend erscheint. Sie sprechen darüber, dass sie den Eindruck haben, dass in Deutschland viel über Liebesentzug und Beleidigtsein erzogen wird, eine Praxis, die sie selbst grausam finden. Resigniert kommen sie zu dem Schluss, dass ihnen lediglich Taschengeldentzug als Sanktionsmaßnahme einfällt, ein Druckmittel, das beide praktizieren, aber eigentlich wegen der Ökonomisierung ablehnen.

darüber, was in Zukunft wichtig ist und zweitens darüber, ob das eigene Handeln richtig ist. Sätze wie: »Und ich frage mich oft, ob ich alles richtig mache?«, wurden vielfach formuliert. Aus der geringen Durchsetzungsmacht und der Handlungsunsicherheit resultieren große Sorgen um die Zukunft der eigenen Kinder, die für fast alle befragten Eltern sehr belastend sind. So wenden die meisten der befragten Eltern transzendente Praktiken zur Reduzierung ihrer Sorgen an, d.h. Praktiken, die über das interaktive Handeln hinausweisen: Sie erzählen von »beten« oder »hoffen«, dass aus ihren Kindern »etwas wird«. Diese Strategien der Verantwortungsentlastung verweisen auf Anforderungen an die Elternrolle, die weit über eine individuelle Überforderung hinausgehen, d.h. auf Anforderungen, die durch individuelles Handeln nicht bewältigt werden können. Diese Belastung wird insbesondere bei den befragten Müttern noch dadurch verstärkt, dass sie sich für die richtige Entwicklung der Kinder mehr oder weniger allein verantwortlich fühlen bzw. gemacht werden. Einige betonen, dass sie zwar allein verantwortlich gemacht werden, aber de facto die unterstützenden Institutionen wie Kindertagesstätten einen großen, wenn nicht sogar den größten Anteil an der Entwicklung der Kinder haben. Hohe Belastungen resultieren auch aus ungünstigen Kooperationen zum anderen Elternteil. Einige der befragten Mütter fühlen sich stark belastet von den getrennt lebenden Vätern, die einen großen, aber nicht immer förderlichen Einfluss auf ihre Kinder haben, aber dafür so gut wie keine Verantwortung tragen. Sie erzählen von einer Gefährdung ihrer Erziehung: Die angestrebte Balance aus notwendiger Einflussnahme auch bei Widerständen und Erhalt der guten Beziehung wird erschwert oder sogar verunmöglicht durch die eigenen Ängste, dass das Kind sich emotional dem weniger erziehenden Elternteil zuwendet. In den Interviews wird auch deutlich, dass der Aufwand, den es braucht um Einfluss zu nehmen, von Kind zu Kind sehr verschieden ist. Bei einigen Kindern ist der Aufwand der Einflussnahme, das »Dagegen-Arbeiten gegen das Nichtwollen« so aufwendig, dass es »eigentlich gar nicht leistbar ist«.

Mangelnde umweltbezogene Ressourcen: Mangel an Zeit, Geld und ko-erziehenden Unterstützer*innen

> *»Ich habe chronisch zu wenig Zeit.«*
> *»Mit Erwerbsarbeit geht es nicht, ohne aber auch nicht.«*

Auch fehlende umweltbezogene Ressourcen empfinden die befragten Eltern als große Belastung. Hier steht der Mangel an Zeit an oberster Stelle. Aber auch der Mangel an Geld und an zeitlicher Flexibilität werden genannt. Die meisten befragten Eltern sehnen sich nach einem weniger kräftezehrenden Ablauf ihres Alltags, einer besseren Balance aus Erwerbsarbeit und familialer Care-Arbeit für ihre Kinder und meist auch nach mehr Zeit für die Kinder. Eine Mutter, die zum Zeitpunkt des Interviews erwerbslos war, erzählt davon, dass sie nun zwar wieder ausreichend Zeit für ihre Kinder hat, dafür aber kaum Geld. Ihr Leben bleibt im Vereinbarkeits-Dilemma gefangen: »Mit Erwerbsarbeit geht es nicht, ohne aber auch nicht.« Viele der befragten Eltern haben ständig »chronisch zu wenig Zeit für alles«. Bei anderen steht nicht der normale Alltag mit paralleler Erwerbsarbeit im Fokus der Belastung, sondern die Bewältigung des Unvorhergesehenen. Eine Mutter, deren Alltag durch ein »perfektes Unterstützungssystem« im Allgemeinen »gut läuft«, kommt an ihre Grenzen, als eine ihrer Töchter plötzlich ins Krankenhaus muss. Diese Situation bringt sie an den »Rand eines Zusammenbruchs«. Über alle befragten Eltern hinweg ist zu erkennen, dass die konkrete Problemlage der mangelnden Ressourcen an Zeit, Geld und zeitlicher Flexibilität zwar sehr unterschiedlich ist, dass aber alle in irgendeiner Weise das Thema der Parallelität von Erwerbsarbeit und familialer Care-Arbeit für ihre Kinder beschäftigt und viele stark belastet. Alle befragten Eltern gestalten Stellschrauben, die sich reziprok zueinander verhalten, d.h. die Verbesserung des einen wichtigen Bereichs bringt zwangsläufig die Verschlechterung eines anderen wichtigen Bereichs mit sich. Deutlich wird, dass sich alle befragten Eltern Unterstützung bei der Realisierung ihrer Erziehungsziele wünschen und auffällig viele nennen in diesem Zusammenhang Unterstützung bei der Disziplinierung. Hohe Belastungen entstehen dadurch, dass unterstützende Institutionen oder auch Personen oft nicht ausreichend ko-erziehend agieren. Die mangelnde Ko-Erziehung in einer staatlichen Kindertagesstätte lässt beispielsweise eine Mutter über den Wechsel ihrer Kinder in eine konfessionsgebundene Kindertagesstätte egal welcher Richtung nachdenken, d.h. egal, ob die Glaubensrichtung der Kindertagesstätte ihrer eigenen Glaubenszugehörigkeit entspricht oder widerspricht. Diese Mutter vermutet, dass in konfessionsgebundenen Einrichtungen mehr Wert auf Disziplin gelegt wird und somit in ihrem Sinne ko-erziehend Einfluss auf ihre Kinder genommen wird.

Mangelnde persönliche Stabilität

> *»Mir fehlt einfach die Kraft, zum Üben anzutreiben.«*

Ein Mangel an persönlicher Stabilität ist ebenfalls ein Belastungsfaktor für Eltern. Hier ist insbesondere ein Mangel an mentaler Kraft und Vorbildlichkeit zu nennen. Einige der befragten Eltern fühlen sich durch die gleichzeitige Realisierung von Erwerbsarbeit und familialer Care-Arbeit so belastet, dass sie »nur noch durchhalten« und an Müdigkeit und totaler Erschöpfung leiden. Eine Mutter hat ihre Erwerbsarbeit wegen »Gefährdung ihrer Kinder« aufgekündigt. Sie fühlte sich nach der Erwerbsarbeit »total kraftlos« und hat »viel herumgeschrien« mit ihren Kindern. Eine andere Mutter erzählt davon, dass sie es wegen mangelnder mentaler Kraft nicht schaffen würde, ihre Kinder zum Üben anzuhalten. Deswegen verzichtet sie darauf, ihre Kinder zu einer mit Übung verbundenen Freizeitbeschäftigung zu verhelfen. Obwohl sie eine mit Üben verbundene Freizeitbeschäftigung, wie zum Beispiel das Lernen eines Musikinstrumentes, für ihre Kinder als sehr wichtig bewertet, versucht sie gar nicht erst Entsprechendes auf den Weg zu bringen. Diese Mutter ist der festen Überzeugung, dass ihre mentale Kraft für das damit verbundene Antreiben zum Üben nicht reichen würde. Auch eine subjektiv empfundene mangelnde Vorbildlichkeit wird als Belastungsfaktor genannt. Durch die eigene Erwerbslosigkeit fühlt sich eine Mutter in ihrer Vorbildlichkeit derart herabgesetzt, dass sie ihren Kindern eine Erwerbsarbeit vortäuscht. Aus Sorge, ihre Kinder verlören sonst die notwendige Anstrengungsbereitschaft, etwas für die Schule zu tun. Eine Notlüge, die sehr belastet, aber gleichzeitig als unbedingt erforderlich gedeutet wird, um die für die Erziehung Vorbildlichkeit nicht zu gefährden.

6.5 Wann erleben Eltern ihre Tätigkeiten für ihre Kinder eher als Arbeit und wann eher als Nicht-Arbeit?

Die Antworten auf die Frage, was die befragten Eltern bei ihrer Versorgung der Kinder als Arbeit bzw. nicht als Arbeit empfinden,[22] zeigen, dass fast alle befragten Eltern im Erleben ihrer Tätigkeiten für Kinder und mit ihnen zwischen gefühlter Arbeit und gefühlter Nicht-Arbeit unterscheiden und auch nach einer gewissen Zeit des Nachdenkens Kriterien der Unterscheidung benennen können.[23] Deutlich wird, dass es verschiedene Ebenen gibt, auf denen sich der Unterschied zwischen gefühlter Arbeit und Nicht-Arbeit im subjektiven Empfinden manifestiert. Die subjektive Unterscheidung lässt sich nur zum Teil an der Tätigkeit selbst festmachen, überwiegend ist es die Situation, in der die Tätigkeit verrichtet wird, die den entscheidenden Unter-

---

22 Die entsprechende Nachfrage im Leitfaden lautet: »Erzählen Sie mir bitte, welche Ihrer Tätigkeiten im Leben mit Ihrem/n Kind/ern Sie eher als Arbeit und welche Sie eher als Muße – im Sinne von Nicht-Arbeit – empfinden und warum?« Zunächst wurde nur der Begriff Muße benutzt. Da aber von mehreren befragten Eltern der Begriff der Muße zurückgewiesen wurde, wurde nach einigen Interviews der Begriff der Muße zwar noch benutzt, aber stets erläutert, dass es dabei um den Gegenpol zu Arbeit, also um Nicht-Arbeit geht. Viele befragte Eltern haben daraufhin eigene Gegenbegriffe formuliert. Für einen Elternteil ist beispielsweise das Vergnügen der Gegenbegriff zur Arbeit im familiären Bereich: »Muße impliziert ja was Ruhiges. Da fällt mir spontan sowieso nichts ein in der familiären Situation. Was ist Arbeit, was ist Vergnügen würde ich trennen.« Weitere zentrale Gegenbegriffe zu Arbeit, die explizit formuliert wurden, sind: Gemeinschaft, Spaß, Freude, Dinge, die man gerne tut, und gemeinsame Freizeit. Da aus den Antworten zwar sehr deutlich wird, dass aus Sicht der befragten Eltern im Kontext ihres Lebens mit Kindern Muße nicht der geeignete Gegenbegriff zu Arbeit ist, aber die Antworten auch keine Rückschlüsse zu einem anderen geeigneten Begriff zulassen, wird in dieser Studie als Gegenbegriff in Anlehnung an Böhle (2010) der Begriff der Nicht-Arbeit genutzt.

23 Einige der befragten Eltern deuten allerdings fast ihr gesamtes Handeln für ihre Kinder und mit ihnen als Arbeit: »Bis die Kinder ins Bett gehen, ist eigentlich alles Arbeit.« Auch wurde von einigen der Befragten explizit auf die Schattenseiten des Arbeitsbegriffs hingewiesen und angemerkt, dass der Begriff eine negative Wahrnehmung befördern kann, und sie deswegen diesen Begriff bewusst vermeiden: »Wenn ich alle Haushaltstätigkeiten als Arbeit kennzeichnen würde, würde ich die Dinge noch viel negativer sehen.« Diese Anmerkungen weisen auf eine Problematik des erweiterten Arbeitsbegriffs in den privaten Bereich hinein hin. Deswegen ist es wichtig, dem theoretischen Verständnis von Arbeit das subjektive, also gefühlte Verständnis von Arbeit an die Seite zu stellen und beide Perspektiven zu erforschen, zu würdigen, aufeinander zu beziehen und kontextangemessen zu nutzen.

schied zwischen gefühlter Arbeit und Nicht-Arbeit markiert. Hier spielt die Beanspruchung, die eine Tätigkeit in der jeweiligen Situation mit sich bringt, eine entscheidende Rolle. Aber auch der empfundene Grad an Gemeinschaft hat einen großen Einfluss auf die subjektive Unterscheidung zwischen gefühlter Arbeit und Nicht-Arbeit. Aus den Interviews lassen sich folgende drei zentrale Ebenen herausarbeiten, die den entscheidenden Unterschied zwischen gefühlter Arbeit und Nicht-Arbeit im subjektiven Erleben markieren und die im Folgenden näher beschrieben werden:

- die Tätigkeit selbst
- der Kontext: die eigene Verfassung
- der Kontext: der Grad an Gemeinschaft

»Erziehung ist harte, schwere Arbeit.«

Es gibt nur eine *Tätigkeit selbst*, die fast übereinstimmend von allen befragten Eltern unabhängig vom Kontext generell als gefühlte Arbeit gedeutet wird. Hohe Übereinstimmung besteht in der Wahrnehmung, dass Erziehung Arbeit ist. Formulierungen wie »Erziehung ist richtig Arbeit« oder »Erziehung ist schwere, harte Arbeit« findet man in fast allen Interviews. Interaktionen, in denen sich Kinder widersetzen, also Interaktionen mit einem »nichtwollenden« Gegenüber sind hier besonders zu erwähnen: »Wenn die Stimmung am Kippen ist, diesen Konflikt des Nichtwollens auszuhalten und dagegen anzuarbeiten, das ist harte Arbeit.« Auch Teile der Hausarbeit werden von vielen befragten Eltern als Arbeit empfunden, hier aber nicht übereinstimmend, sondern jeweils unterschiedliche Teiltätigkeiten. Während für einen befragten Elternteil »Kochen, Waschen, Bügeln« immer Arbeit ist, ist für einen anderen »Waschen und Betten-Überziehen« immer Arbeit, während Kochen explizit als Nicht-Arbeit benannt wird. Auch »Abwaschen« und »Aufräumen, vor allem Hinterherräumen« werden von einigen befragten Eltern als Tätigkeiten benannt, die immer als Arbeit empfunden werden.

»Je nachdem, wie kaputt ich dabei bin, ist es Arbeit oder nicht.«

Die meisten Tätigkeiten werden in Abhängigkeit vom Kontext situativ als Arbeit oder als Nicht-Arbeit empfunden, wobei die *eigene Verfassung* ein zentraler Kontext der Differenzierung ist. Die eigene Verfassung wird festgemacht an der mentalen Kraft(losigkeit), der (Un)Lust, der Leichtigkeit/Schwere und generell an der »Tagesform«: Je nach Ausprägung werden die gleichen Tätigkeiten als Arbeit bzw. als Nicht-Arbeit empfunden. So kann Wäsche-Aufhängen in Abhängigkeit von der empfundenen Leichtigkeit als Arbeit oder auch als Nicht-Arbeit empfunden werden: »Es kommt darauf an, mal wenn ich Wäsche wasche oder aufhänge, dann denke ich, oh macht ja Spaß und geht mir leicht von der Hand, und mal denke ich oha, immer wieder diese Wäsche. Je nachdem, wie kaputt ich dabei bin, ist es Arbeit oder nicht.« Und ebenso kann Spielen mit den Kindern gefühlt Arbeit oder auch Nicht-Arbeit sein: »Manchmal ist für mich das Spielen mit ihr [Tochter] Arbeit, weil ich es versprochen habe, und ich eigentlich der Typ bin, der Versprechen hält. Das ist manchmal für mich Arbeit, weil ich dann keine Lust habe.« Tätigkeiten, die den Schlaf unterbrechen, werden entsprechend des müden Zustands der eigenen Person immer als Arbeit empfunden.

»Alles was in Gemeinschaft stattfindet, ist für mich keine Arbeit.«

Mehrere befragte Eltern erzählen, dass der *Grad an Gemeinschaft*, in der die Tätigkeit stattfindet, für sie den entscheidenden Unterschied ausmacht, und dass alles, »was in Gemeinschaft stattfindet«, für sie gefühlt keine Arbeit ist, auch wenn es sich »eigentlich um Arbeit handelt«. Als Beispiel nennen sie gemeinsame Haushaltstätigkeiten wie Kochen in Gemeinschaft und gemeinsame Freizeitaktivitäten in Gemeinschaft. Genauso gibt es aber auch gemeinsame Haushaltstätigkeiten und gemeinsame Freizeitaktivitäten in Nicht-Gemeinschaft, was dann auch beides als Arbeit empfunden wird. Für ein Gemeinschaftserlebnis ist es zentral, dass vorab alle wichtigen Absprachen und Regeln geklärt werden. Absprachen in der Situation selbst zerstören in den Augen dieser Eltern das Gemeinschaftserleben. Bemerkenswert ist, dass Tätigkeiten, die meist als Arbeit konnotiert sind – wie Hausarbeiten –, in Gemeinschaft im subjektiven Erleben zu Nicht-Arbeit transformieren können, und genauso Tätigkeiten, die meist als Nicht-Arbeit konnotiert sind – wie gemeinsame Freizeitaktivitäten –, als Arbeit empfunden werden können, wenn das Gefühl von Gemeinschaft fehlt. Gemeinschaft ist damit ein wichtiger Kontext, der den Unterschied zwischen gefühlter Arbeit und Nicht-Arbeit ausmachen kann.

Die Ergebnisse zeigen, dass die subjektive Unterscheidung zwischen Arbeit und Nicht-Arbeit nur zum Teil in der Tätigkeit selbst gründet. Zum erheblichen Anteil gründet die Unterscheidung im Kontext, in dem die Tätigkeit stattfindet: Viele Tätigkeiten werden in Abhängigkeit vom Zustand der eigenen Person und/oder vom Grad der Gemeinschaft als Arbeit oder auch als Nicht-Arbeit empfunden. Empfindungen wie Anstrengung oder Aufwand stehen für Arbeit, und Empfindungen wie Leichtigkeit oder Gemeinschaft stehen für Nicht-Arbeit. Gefühlte Arbeit ist aus subjektiver Sicht der Eltern relational, und der Fokus liegt nicht auf dem Zeck wie im theoretischen Konzept des Arbeitshandelns, sondern auf Aufwand und Anstrengung.

6.6 Wie bewerten Eltern ihr Leben mit Kindern?

Auf die Frage nach der Bewertung des eigenen Lebens mit Kindern antworteten einige der befragten Eltern zunächst zögerlich.[24] Teilweise war ihnen anzumerken, dass sie sich diese Frage noch nie explizit gestellt haben. Insgesamt fiel die Bewertung des eigenen Lebens mit Kindern recht unterschiedlich aus. Die meisten der befragten Eltern empfinden ihre Kinder als eine große Bereicherung in ihrem Leben, wobei für viele ein Leben ohne Kinder nicht vorstellbar ist. Bei etwa der Hälfte dieser sich bereichert fühlenden Eltern wird diese generelle Zufriedenheit noch verstärkt durch das Gefühl der eigenen positiven Entwicklung durch die Elternschaft. Bei der anderen Hälfte wird das Gefühl der Bereicherung allerdings gedämpft durch das Empfinden eines in Teilen auch entgangenen Lebens. Eine dritte Gruppe ist überwiegend unzufrieden mit ihrem Leben mit Kindern. Diese Eltern empfinden ihr Leben mit Kindern nicht nur sehr anstrengend, sondern ihnen fehlt der positive Ausgleich der Bereicherung: Das Leben mit ihren Kindern wird insgesamt zur Belastung. In den Interviews wurde deutlich, dass in die Bewertung des eigenen Lebens verschiedene Ebenen einfließen. Dies sind

24 Die entsprechende Nachfrage im Leitfaden lautet: »Wie bewerten Sie ihr derzeitiges Leben mit Ihrem/en Kind/ern?«

primär die drei Ebenen: die Entwicklung der Kinder, die Entwicklung der eigenen Person und die abstrakt-generelle Bewertung eines Lebens mit Kindern. Die aktuelle Anstrengung fließt hingegen deutlich weniger ein.[25] Aus einer Gemengelage der Ausprägungen primär dieser drei Ebenen entsteht eine Gesamtbewertung, wobei die Ebenen von den befragten Eltern jeweils unterschiedlich gewichtet werden. Über alle befragten Eltern hinweg können folgende drei Ausprägungen der Bewertung des Lebens mit Kindern unterschieden werden, die im Folgenden näher beschrieben werden:

- bereicherndes und das Selbst entwickelndes Leben
- bereicherndes, aber auch entgangenes Leben
- sehr anstrengendes und belastendes Leben

> *»Mein Leben ist sehr positiv. Ich bekomme ein positives Echo zurück. Meine Kinder sind auf dem richtigen Weg. […] Ich entwickle mich weiter.«*

Im *bereichernden und das Selbst entwickelnden Leben* werden Kinder als große Bereicherung empfunden, auch wenn es mit hohen Anstrengungen verbunden ist. Ein Leben ohne Kinder ist nicht vorstellbar. Zentral für diese Bewertung des eigenen Lebens sind zwei Faktoren: erstens das Gefühl, dass die eigenen Kinder »auf dem richtigen Weg sind« und zweitens das Gefühl, dass man sich durch die familiale Care-Arbeit für Kinder persönlich weiterentwickelt: im Hinblick auf die eigene Selbstdisziplinierung, die allgemeine Lebensbewältigung und/oder auch durch den Zugewinn an Lebensfreude.

---

25 Dass es verschiedene Bereiche der Zufriedenheit gibt, und diese sich in ihren Ausprägungen widersprechen können, darauf wird verschiedentlich hingewiesen. So betonen beispielsweise Knabe et al. (2009) in ihrer Studie zur Zufriedenheit von Erwerbslosen die Notwendigkeit der Unterscheidung zwischen der generellen Lebenszufriedenheit und der situativen Tageszufriedenheit. Sie arbeiten heraus, dass Erwerbslose gegenüber Erwerbstätigen trotz in der Regel niedriger genereller Lebenszufriedenheit durchaus eine höhere Tageszufriedenheit haben können. In den Erzählungen der befragten Eltern gibt es vielerlei Hinweise, dass es bei Eltern oft umgekehrt ist. So erzählen insbesondere die befragten Eltern, die ihr Leben mit Kindern als bereichernd und das Selbst entwickelnd bewerten, von einem hohen Maß an Anstrengung bis hin zur völligen Erschöpfung. In der allgemeinen Bewertung des Lebens mit ihren Kindern wird diese Tatsache aber nicht erwähnt. Anstrengung wird als Phase gedeutet (siehe Kapitel 7.1) und anscheinend in der grundsätzlichen Lebensbewertung ausgeblendet.

> *»Zurzeit ist es recht stressig, aber das wird sich auch ändern. […] Aber ich bin mir natürlich sehr bewusst, wie viel ich opfere für meine Kinder. Wäre ich nicht Mutter, wäre ich woanders jetzt.«*

Im *bereichernden, aber auch entgangenen Leben* werden Kinder ebenfalls als große Bereicherung empfunden. Aber es werden auch einschränkende Schattenseiten thematisiert. Dazu gehört in Teilen auch der enorm hohe Anstrengungsgrad, den dieses Leben mit sich bringt, der jedoch immer kommentiert wird mit der Bemerkung, dass es ja nur eine Phase im Leben ist, und es bald weniger anstrengend wird. Als eine das ganze Leben begleitende Schattenseite wird dagegen das entgangene Leben thematisiert, das ohne Kinder möglich gewesen wäre. Die Möglichkeiten ohne Kinder wirken wie eine Vergleichsfolie für das eigene Leben und verweisen auf ein in Teilen entgangenes Leben, dem man nachtrauert, insbesondere den entgangenen Chancen in der Erwerbsarbeit.

> *»Es ist einfach unbefriedigend und total anstrengend. Die Konzentration und die Kraft sind am Ende.«*
> *»Es ist traurig und erschreckend. Man wird nur noch genutzt.«*

Im *sehr anstrengenden und belastenden Leben* wird das Leben mit den Kindern einseitig als anstrengend und belastend empfunden, und die positiven Aspekte geraten in den Hintergrund. Anstrengung spielt auch in der vorherigen Kategorie eine gewisse Rolle, aber dort gibt es einen Ausgleich: die Bereicherung. Diese fehlt hier weitgehend. Man bekommt von den Kindern nicht das zurück, was man erwartet: Sie entwickeln sich nicht in die gewünschte Richtung oder weigern sich am Familienleben und an der Familienarbeit teilzunehmen. Es gibt kein ausgewogenes Nehmen und Geben mehr. So fühlt sich eine Mutter nur noch »genutzt« von ihren älteren Kindern und findet diese »Kooperationsunwilligkeit […] asozial, traurig und erschreckend«.

6.7 Zwischenfazit: Zusammenfassende Beschreibung der familialen Care-Arbeit für Kinder

Im Folgenden werden die Ergebnisse erstens unter der Perspektive der Einordnung und Einschätzung der Art und des Anforderungsprofils der familialen Care-Arbeit für Kinder und zweitens vor dem Hintergrund des Forschungsstands verdichtet und gedeutet. Die Darstellung erfolgt entlang der Forschungsfragen.

Was machen Eltern?

Die Ergebnisse zeigen, dass Eltern eine sehr breite Palette verschiedenster Aufgaben mit teils sehr hohen Anforderungen meistern, wobei die Anforderungen als deutlich höher einzuschätzen sind als die Anforderungen in weiten Teilen der Erwerbsarbeitssphäre. Das Spektrum reicht von pflegenden, über lehrende bis hin zu lenkend-führenden Tätigkeiten. Dabei verfolgen alle Eltern die gleichen herausfordernden Ziele, nämlich unter Wahrung einer guten und innigen Beziehung dem Kind das Rüstzeug für ein gelingendes zukünftiges Leben zu vermitteln. Da das Ziel zu einem erheblichen Teil in der Zukunft liegt, ist das familiale Care-Handeln für Kinder immer auch ein Handeln unter Unsicherheit. Dieser Unsicherheit wird mit dem Aufstellen von überprüfbaren Stellvertreter-Zielen wie insbesondere guten Schulnoten und zielgerichteten Aktivitäten begegnet. So kann Unsicherheit reduziert werden. Andererseits avancieren damit gute Schulnoten und zielgerichtete Aktivitäten zum Lackmustest der Zielerreichung und umgekehrt schlechte Schulnoten und »ein Herumhängen der Kinder« zu einem zentralen Sorgen- und damit Belastungsfaktor von Eltern. Das Ergebnis zu den realisierten Tätigkeiten und den Zielen der befragten Eltern knüpft an bestehende Forschungen an, die darauf hinweisen, dass die meisten Eltern das Leitbild der »verantworteten Elternschaft« verinnerlicht haben (Jurczyk/Klinkhardt 2014; Schneider u.a. 2015). Diese Verinnerlichung ist mit Bezug auf die Studie zu den Familienleitbildern in Deutschland ambivalent zu beurteilen: Diese Studie zeigt, dass mit dem Leitbild der »verantworteten Elternschaft« ein so hohes Anspruchsniveau verbunden ist, dass sich viele Menschen mit Kinderwunsch gegen Kinder entscheiden (Schneider u.a. 2015).

Welche zentralen Handlungsstrategien realisieren Eltern?

Wenn auch die Ziele über alle befragten Eltern die gleichen sind, so beschreiten Eltern sehr unterschiedliche Wege in ihrem konkreten Care-Handeln. Ganz wesentlich geprägt ist die Art und Weise ihres Care-Handelns durch drei Dimensionen von Arbeit: erstens durch die jeweilige Strukturierung der Familienzeit, zweitens durch die jeweiligen Interaktionsformen zur Einflussnahme auf die Kinder und drittens durch die jeweilige Gestaltung der Kooperationen mit unterstützenden Institutionen und Personen. In allen drei Bereichen gibt es sehr verschiedene Weisen der Realisierung.

Studien zeigen, dass sich circa zwei Drittel der Väter und ein Drittel der Mütter mehr Zeit für ihre Kinder wünschen (BMFSJF 2012: 45). Sie zeigen auch, dass Eltern ihre knappe Familienzeit und ihre darin stattfindenden Handlungen aktiv strukturieren (Jurczyk u.a. 2009). Die Ergebnisse der vorliegenden Studie zeigen, dass nicht alle Eltern in gleicher Weise ihre knappe Zeit und ihre darin stattfindenden Handlungen strukturieren, sondern dass drei Arten der Zeitstrukturierung unterschieden werden können: die geplant-proaktive, die situativ-proaktive und die situativ-reaktive Zeitstrukturierung. Dabei wird die situativ-reaktive Zeitstrukturierung als sehr belastend empfunden. Die Unterschiede der Zeitstrukturierung von Eltern manifestieren sich vor allem in unterschiedlichen Graden an Planung, Zweckorientierung und zu bewältigender kindlicher oder auch eigener innerer Widerstände. Aber es gibt auch Gemeinsamkeiten: So entwickeln alle Eltern Routinen bei wiederkehrenden Aufgaben mit kurzfristigen Zielen, und fast alle brauchen und realisieren Zeit ohne Kinder für das Erledigen von Hausarbeiten. Deutlich wird, dass Eltern in ihrem Erleben primär zwischen fünf Zeitqualitäten unterscheiden: routinisierte, zweckorientierte, zweckfreie sowie an Widerständen ausgerichtete Zeit mit Kindern und zweckorientierte Zeit ohne Kinder. Wird bisher zur Beurteilung des »Zeitwohlstands« (BMFSJ 2009: 6) von Familien primär das viel beachtete Konzept der Quality Time (Hochschild 2006) herangezogen, verweisen die Ergebnisse dieser Studie auf wichtige Ergänzungen zur Beurteilung des Zeitwohlstands. In den Interviews wurde deutlich, dass der Zeitwohlstand stark davon abhängt, inwiefern es gelingt, bestimmte Aufgaben ohne die Anwesenheit der Kinder zu erledigen, und inwieweit es gelingt, kindliche Widerstände auf ein angemessenes Maß einzudämmen. Das Eltern auch Zeit ohne Kinder zum familialen Arbeiten brauchen und nicht nur zum Erwerbsarbeiten wird bisher wenig diskutiert. Alle befragten Eltern – auch wenn die Erwerbarbeit eine sehr hohe Bedeutung hat – betonen, wie wichtig es in ihrem Leben mit Kindern ist, Zeit zum Abarbeiten von Aufgaben ohne die Anwesenheit von Kindern zu haben. Dies wird in den Diskussionen zur institutionellen Betreuung von Kindern bisher kaum diskutiert. Es wird stillschweigend davon ausgegangen, dass Kinderbetreuung nur zum Erwerbsarbeiten gebraucht wird. Und auch die Belastung, die aus dem Handeln gegen kindliche Widerstände entsteht, findet derzeit zu wenig Beachtung. Als auch eine Folge unangemessener gesellschaftlicher Anforderungen an Kinder zur Vorbereitung auf eine meritokratische Gesellschaft sind kindliche Widerstände aber nicht nur als Privatsache zu betrachten. Der Zeitwohlstand von Eltern würde sehr davon profitieren, wenn es gelänge, Zeit ohne Kinder zum Abarbeiten von Familienaufgaben und das gute Miteinander in Familien zu erhöhen.

Die Ergebnisse zu den zentralen Interaktionsformen im Umgang mit den Kindern zeigen, dass die zentrale strategische Interaktionsform für alle Eltern ihre Interaktionsform zur Einflussnahme auf ihre Kinder ist. Allen befragten Eltern ist es absolut wichtig, Einfluss auf die eigenen Kinder zu nehmen, ohne dabei die Beziehung zu gefährden. Die realisierten Interaktionsformen zur Einflussnahme auf ihre Kinder sind allerdings sehr unterschiedlich. Einflussnahme realisieren Eltern entweder durch liebevolle Strenge, durch beharrliche Gespräche oder indirekter durch Präsenz. Doch nicht allen gelingt die Einflussnahme. Eine nicht gelingende Einflussnahme hat einen so mächtigen Einfluss auf die gesamte familiale Care-Arbeit für Kinder, dass Eltern mit einer ungenügenden Einflussnahme einen eigenen Care-Typ in der Typologie bilden (siehe Kapitel 7.3). Aus den Interviews lässt sich schlussfolgern, dass insbesondere Eltern von Kindern mit einem hohem Widerstandspotenzial gegen an sie gestellte Anforderungen eine spezielle, mit einem hohen mentalen Aufwand verbundene Art der familialen Care-Arbeit für Kinder entwickeln (müssen). Vor diesem Hintergrund ist es wahrscheinlich, dass sich werdende Eltern zunehmend vor Kindern mit erhöhtem Aufmerksamkeitsbedarf fürchten. Unter dem zunehmenden Zeitdruck, unter dem Eltern heute stehen und den herrschenden geschlechtersensiblen Beeinflussungserwartungen, nach denen Mädchen anpassungsfähiger sind, ist es vor diesem Hintergrund durchaus möglich, dass werdende Eltern sich zunehmend Mädchen wünschen. Die Rollenerwartungen an und die Individualität der Kinder und hier insbesondere ihr Vermögen, sich beeinflussen und formen lassen zu können, sollte in der Analyse der familialen Care-Arbeit für Kinder unbedingt berücksichtigt werden. Überbordende

Rollenerwartungen an Kinder und Kinder mit einem überdurchschnittlichen Aufmerksamkeits- und/oder Förderbedarf verursachen bei Eltern hohe Anstrengungen. Obwohl die Ergebnisse im Detail weit hinter Ergebnisse aus der Erziehungsforschung zurückfallen und von daher eher unbedeutend erscheinen, sind sie für eine arbeitssoziologische Perspektive sehr wichtig. Das Kind – als Individuum und in seiner gesellschaftlichen Rolle – wird bisher als Koproduzent der familialen Care-Arbeit für Kinder kaum berücksichtigt. Die Ergebnisse zeigen dagegen die Unerlässlichkeit, mehr auf das Kind als Individuum und als gesellschaftlicher Rollenträger zu schauen, will man die Art und das Anforderungsprofil der familialen Care-Arbeit für Kinder verstehen. Angemessene gesellschaftliche Anforderungen an Kinder würden das Anforderungsprofil deutlich entlasten.

Während es zur Familienzeit und zur Erziehung Studien und zunehmend auch ein politisches Bewusstsein für familienbewusste Zeitpolitiken und die Schwierigkeit der Erziehung gibt, ist der Bereich der Kooperationen bisher in Gänze wenig erforscht und wenig politisch gestaltet. Die Ergebnisse zur Gestaltung der Kooperationen mit unterstützenden Institutionen und Personen bringen insofern einen neuen Blick auf die Arbeit von Eltern. Die Ergebnisse verdeutlichen, dass die Versorgung der Kinder immer arbeitsteilig und von daher immer mit Kooperationsarbeit verbunden ist. Sie zeigen darüber hinaus, dass sowohl die Anzahl der Kooperationspartner*innen stark variiert, als auch sehr unterschiedliche Qualitäten der einzelnen Kooperationen realisiert werden. Die befragten Eltern realisieren sehr unterschiedliche Kooperationsgrade: Während einige primär mit den standardmäßigen Kooperationspartner*innen wie Kindertagesstätte/Tagesmutter, Schule und ggf. mit dem anderen Elternteil kooperieren (niedriger Kooperationsgrad), haben andere weitaus komplexere Kooperationssysteme mit vielen zusätzlichen Kooperationspartner*innen realisiert (hoher und sehr hoher Kooperationsgrad). Darüber hinaus werden auch sehr unterschiedliche Qualitäten der Kooperationen realisiert: Eingestimmte, dauerhaft abzustimmende, autonome und konfliktäre Kooperationen werden von Eltern erlebt und unterschieden. Dabei gibt es teilweise einen Zusammenhang zwischen der Art der Kooperationsqualität und der Art des Kooperationspartners: Dauerhaft abzustimmende Kooperationen beschreiben die befragten Eltern lediglich bei miterziehenden Elternteilen. Autonome Kooperationen beschränken sich in dem Sample auf große Institutionen oder wenig in die Erziehungsverantwortung involvierte Personen. Als konfliktär und damit besonders belastend werden Kooperationen besonders häufig in drei Bereichen erlebt: erstens mit dem anderen Elternteil, wenn dieser anders erzieht, zweitens mit der Schule, wenn das Kind Schulprobleme hat, und drittens generell mit Beratungs- und therapeutischen Einrichtungen. Die Unterscheidung der Qualitäten von Kooperationen ist auch insofern sehr bedeutsam, als diese verdeutlicht, dass Kooperationen nicht nur Aufgaben und Belastungen abnehmen, sondern damit auch neue Aufgaben und Belastungen entstehen: die Gestaltung und Bewältigung der Kooperation. Der zeitliche Aufwand kann dabei so erheblich sein, dass im Einzelfall zu prüfen ist, ob wirklich eine zeitliche Arbeitsentlastung realisiert wird. Dies gilt besonders für dauerhaft abzustimmende Kooperationen, bei denen die nötigen, stetigen und kleinteiligen Abstimmungsprozesse als neue und auch aufreibende Aufgabe zu betrachten sind. Im Falle von autonomen oder gar konfliktären Kooperationen kommt es weniger zu zeitlichen als zu emotionalen Belastungen. Der Anspruch an eine Ko-Erziehung ist nicht voll erfüllt. Diese Kooperationen rauben viel mentale Kraft, die dann nicht mehr für die Kinder zur Verfügung steht. Rahmende Maßnahmen zur Verbesserung der Zusammenarbeit zwischen unterstützenden Institutionen und Eltern im Sinne einer Stärkung einer grundsätzlich ko-erziehenden Zusammenarbeit wären hier sehr sinnvoll.

Welche Ressourcen bringen Eltern ein?

Die Ergebnisse zeigen, dass Eltern eine Vielzahl von Kompetenzen, Arbeitsmitteln und Kraftquellen einbringen und zu ihrer Unterstützung nutzen.

Die eingebrachten und entwickelten Kompetenzen der befragten Eltern sind sehr vielfältig und berühren in erheblichem Maße auch die persönliche Stabilität. Die Kompetenzen sind Ressourcen, aber gleichzeitig auch Ausdruck der hohen Anforderungen dieser Arbeit. Führt man die am häufigsten genannten Kompetenzen zu einer Person zusammen, so bekommt man eine Vorstellung von den hohen Anforderungen dieser Arbeit: Familiale Care-Arbeit für Kinder erfordert empathische, gelassene, streng-konsequente, verlässliche Personen, die Verantwortung übernehmen, planen und organisieren können, mentale Kraft besitzen, Lebensfreude ausstrahlen, und deren eigene Lebensweise als moralisches und disziplinarisches Vorbild für zukünftig erfolgreiche und zufriedene Menschen taugt. Diese Beschreibung stellt jede Stellenanzeige für Führungskräfte in den Schatten. Die Ergebnisse verweisen auf viele Kompetenzen in den Bereichen Beziehungs-, Erziehungs- und Organisationskompetenzen und im Bereich der Emotionskontrolle. Besonders bemerkenswert ist aber der Kompetenzbereich der persönlichen Stabilität. Eltern bringen sich stets mit ihrer ganzen Person ein, und das ist ihnen sehr bewusst. Sie gehen davon aus, dass sie immer mit ihrer ganzen Person wirken und nicht nicht wirken können. Dies ist ein wichtiges Ergebnis, denn die persönliche Stabilität ist durch Schulungen allein wenig veränderbar. Hier sind die Rahmenbedingungen des gesamten bezahlten und unbezahlten Arbeitslebens in den Blick zu nehmen und zu verändern. So kann eine kraftvoll-gelassene-lebensfreudige-vorbildliche Persönlichkeit unter dem derzeitigen Leitbild der »verantworteten Elternschaft« (zum Begriff siehe bspw. Jurczyk/Klinkhardt 2014; Schneider u.a. 2015) bei gleichzeitig geforderter Parallelität von Erwerbsarbeit und familialer Care-Arbeit oft nicht realisiert werden. Die Folge ist ein Dilemma für Eltern: Einerseits brauchen sie Erwerbsarbeit sowohl zur Finanzierung als auch zur Vorbildlichkeit, andererseits verhindert Erwerbsarbeit nicht nur Familienzeit, sondern oft auch mentale Kraft und Gelassenheit in der verbleibenden Familienzeit. Die hohe Bedeutung der persönlichen Kompetenzen und darüber hinaus die Bedeutung der ganzen Person werden in verschiedenen Studien hervorgehoben. Beispielsweise sprechen Jurczyk u.a. (2009) davon, dass Eltern heute ein »gefestigtes, flexibles und widerständiges Selbstkonzept« brauchen, um unter den derzeitigen mangelhaften Rahmenbedingungen handlungsfähig zu sein.

Neben den eingebrachten Kompetenzen nutzen Eltern viele Arbeitsmittel zu ihrer Unterstützung. Die befragten Eltern nutzen Arbeitsmittel über den Haushaltsbereich hinaus vorwiegend in drei Funktionsbereichen: Zeit- und Aufgabenplanung, Erreichbarkeit und Mobilität sowie Einflussnahme auf die Kinder. Die befragten Eltern betonen, dass ohne bestimmte Arbeitsmittel die Arbeit nicht leistbar wäre. Hier ist besonders interessant, dass ein Teil der Eltern Organisations- und Planungsmittel als absolut notwendig für die Arbeit empfindet. Für diese Eltern sind Planungshilfen unverzichtbar. Deutlich wird auch, dass die vielfache Nutzung von Organisations- und Planungsmitteln den Familienalltag verändert: Das Abarbeiten von Aufgaben bekommt einen hohen Stellenwert und wird zu einer Art Motivationsquelle, so dass generell ein aufgabenorientierter Familienalltag befördert wird. Ein anderer Teil von Eltern nutzt dagegen keine Arbeitsmittel zur Planung und Organisation. Hier offenbaren sich bereits zwei grundsätzlich verschiedene Weisen des familialen Care-Handelns, die auch in der Typologie eine zentrale Differenz markieren. Im Hinblick auf die Entwicklung von Arbeit durch zirkulare Entwicklungsprozesse zwischen dem Arbeitshandeln und den genutzten Arbeitsmitteln (Leont'ev 1977; Stooß/Troll 1988; Vygotskij 2002) ist dies Ergebnis auch bedeutsam für die Einschätzung des Wandels der Elternrolle: Die Analyse der Arbeitsmittel verweist auf einen Wandel in Richtung einer Zentralität von Organisationsaufgaben. Der im gesellschaftlichen Diskurs oft verwendete Begriff der Familienmanager*in ist also durchaus treffend, wobei nicht zu vernachlässigen ist, dass nicht alle Eltern diese Rolle annehmen wollen oder können. Die von den Eltern genutzten Arbeitsmittel können über die reine Funktion hinaus vielschichtige Bedeutungen haben. So zeigen die Ergebnisse, dass das Arbeitsmittel Auto nicht nur dem eigentlichen Zweck, also der Mobilität dient, sondern auch dem Schutz vor öffentlich unangenehmen Selbstpräsentationen, wie beispielsweise dem Bändigen der Kinder in öffentlichen Verkehrsmitteln. Insgesamt kann festgehalten werden, dass Arbeitsmittel auch über Haushaltsgeräte hinaus in der familialen Care-Arbeit für Kinder notwendig und unerlässlich sind, und dass diese Arbeitsmittel das Care-Handeln grundlegend verändern. Diese praktische Relevanz findet momentan keine entsprechende Beachtung in der Forschung und auch nicht im öffentlichen Diskurs. Zu Arbeitsmitteln über Haushaltsgeräte hinaus gibt es bisher kaum Studien.

Über Kompetenzen und Arbeitsmittel hinaus zeigen die Ergebnisse, auf welche Kraftquellen Eltern zurückgreifen. Bekannt ist, dass Eltern meistens nicht genügend Zeit haben, sich um sich selbst zu kümmern, dass sie ihre Selbstsorge vernachlässigen (müssen), dass sie vielfach erschöpft sind, und dass sie zu wenig Anerkennung bekommen (Merkle u.a. 2008; Jurzcyk u.a. 2009; Lutz 2012). Die Ergebnisse der vorliegenden Studie ergänzen diese wichtigen Erkenntnisse über den grundsätzlichen Mangel. Die wichtigste Kraftquelle für Eltern sind die Kinder selbst, sowohl als Anerkennungsgeber als auch ganz generell durch ihr Dasein im Leben der Eltern. Auch dieses Ergebnis zeigt, wie wichtig es ist, das Kind als Koproduzent in die Analyse der familialen Care-Arbeit für Kinder stärker zu berücksichtigen. Auffällig ist, dass über das Kind hinaus die erweiterte Familie eine besonders große Rolle als Kraftquelle spielt, sowohl als Anerkennungsgeber als auch darüber hinaus als verstehender Gesprächspartner. Aber auch Lehrer*innen, Nachbar*innen und Freund*innen sind wichtige Anerkennungsgeber. Sie werden zwar weniger häufig genannt, haben aber ein besonderes Gewicht: Positive Äußerungen über die Kinder wirken in besonderer Weise anerkennend, wenn sie von dieser Gruppe ausgesprochen werden. Dagegen spielt der jeweils andere Elternteil kaum eine Rolle als Kraftquelle: weder als verstehender Gesprächspartner noch als Anerkennungsgeber. Obwohl die befragten Eltern bis auf eine Ausnahme die fehlende Anerkennung des jeweils anderen Elternteils nicht erwähnen, deutet das Ergebnis auf ein gesellschaftlich relevantes Phänomen des gegenseitigen gescheiterten Anerkennungsverhältnisses zwischen Eltern hin. Insgesamt zeigen die Ergebnisse, dass die befragten Eltern keine allzu großen Erwartungen in Bezug auf Anerkennung haben. Sie erscheinen sehr genügsam, denn sie klagen wenig vehement über mangelnde Anerkennung. Nur am Rande und bescheiden erwähnen mehrere der befragten Eltern, dass sie von der Gesellschaft Anerkennung vermissen. Hier zeigt sich sehr deutlich die Schieflage der gesellschaftlichen Anerkennung von Arbeit, eine Schieflage zu Gunsten von bezahlter Erwerbsarbeit und zu Lasten von unbezahlter Haus- und Sorgearbeit. Es zeigt sich, wie wenig selbstbewusst Eltern gesellschaftliche Anerkennung für sich einfordern. Die Vermutung liegt nahe, dass Eltern die gesellschaftliche Abwertung ihrer elterlichen Tätigkeit in Teilen selbst verinnerlicht haben. Diese Interpretation wird gestützt durch unsere Studie zu den sozialen Praxen Erwerbsloser, die auf einen Bedeutungsverlust von familialer Care-Arbeit hinweist. Die Studie hat gezeigt, dass familiale Sorgeverpflichtungen von Erwerbslosen nicht als sinnvolle Alternative zu einer Erwerbsarbeit angesehen werden, während Hobbys, Vereinstätigkeiten oder das Schreiben eines Weblogs von einem Teil der Erwerbslosen sogar als sinnvoller als Erwerbsarbeit gewertet werden (Carstensen u.a. 2012; siehe auch Kapitel 3.3). Aber es gibt auch Kraftquellen über Anerkennung hinaus. Eltern bekommen Kraft durch das Leben mit ihren Kindern, durch Zeiten ohne Kinder, durch Gespräche mit der Familie und Freund*innen und auch erstaunlich oft durch den Umgang mit Tieren.

Was belastet Eltern?

Belastungen entstehen einerseits aus den hohen Anforderungen und andererseits aus mangelnden Ressourcen. Es gibt somit zwei grundsätzliche Stellschrauben zur Entlastung von Eltern: die Reduzierung der Anforderungen und die Erhöhung der Ressourcen. Die befragten Eltern erzählen von hohen Anforderungen an ihre Rolle, insbesondere im Bereich der Erziehung. Im Zentrum steht hier die Last der Erziehung in einer und für eine meritokratische/n Gesellschaft. Fast alle befragten Eltern nutzen quasi transzendente Bewältigungsstrategien, um die Anforderungen aushalten zu können: Sie »hoffen oder beten, dass aus [ihren] Kindern etwas wird«. Die Ungewissheit und Sorge über die Zukunftsfähigkeit ihrer Kinder sind sehr belastend. Etliche Eltern belastet, dass ihnen keine ausreichenden Methoden der Einflussnahme zur Verfügung stehen. Diese Eltern erzählen, dass sie nicht wissen, »wie Streng-Sein geht«, obwohl sie der Meinung sind, dass dies unbedingt notwendig wäre für eine angemessene Einflussnahme. Das Gros der befragten Eltern ringt um Einfluss seinen Kindern gegenüber. Auch hierin zeigt sich wieder, dass es notwendig ist, das Kind selbst – in seiner Person, aber auch in seiner gesellschaftlichen Rolle – als Koproduzent des familialen Care-Handeln von Eltern stärker in die Debatte um (erschöpfte) Eltern einzubeziehen. An Ressourcen fehlt neben Zeit, Geld und ko-erziehenden Institutionen vor allem auch mentale Kraft. Dass ein Mangel an Zeit und ein Mangel an Geld Eltern stark belastet, ist vielfach belegt (bspw. Merkle u.a. 2008; Pollmann-Schult 2013), dass aber auch fehlende mentale Kraft für Eltern einen hohen Belastungsfaktor darstellt, wird kaum diskutiert. Hier besteht Forschungsbedarf. In den Interviews wird mehrfach geklagt, dass die dringend benötigte mentale Kraft durch die zu leistende Erwerbsarbeit aufgebraucht ist und eigentlich keine ausreichende Handlungsfähigkeit mehr zur Verfügung steht. An dieser Stelle sei nochmals auf das »Lanceo«-Projekt zur Erforschung einer balanceorientierten Leistungspolitik hingewiesen, welches betont, dass nicht die Begrenzung der Arbeitszeit allein Erwerbsarbeit familienfreundlich macht, sondern dass es auch darauf ankommt, in welchem Zustand die Menschen nach Hause kommen (Kratzer u.a. 2015). Wünschenswert wäre, wenn Betriebe sich in ihren Leistungspolitiken mehr damit auseinandersetzten, dass für das Gros der Mitarbeitenden auch zu Hause noch mental anspruchsvolle Arbeit zu leisten ist, und hierfür neben Zeit auch die entsprechende mentale Kraft zur Verfügung stehen muss. Erwerbsarbeitsfreie Zeiten sind mitnichten arbeitsfreie Zeiten zur Regeneration, sondern im Gegenteil sie brauchen auch Arbeitskraft. Auch für die Familienpolitik ist die Perspektive der balanceorientierten Leistungspolitik in Unternehmen sehr bedeutsam. Es lohnt sich, diese Perspektive im politischen und gesellschaftlichen Diskurs zu verankern. Darüber hinaus sollte intensiver öffentlich diskutiert werden, welche Maßnahmen nötig sind, damit ko-erziehende Kooperationen zwischen Eltern und unterstützenden Institutionen gestärkt werden.

Wann erleben Eltern ihr Tätigsein für Kinder eher als Arbeit und wann eher als Nicht-Arbeit?

Unterstützung findet die Forderung nach einer balanceorientierten Leistungspolitik in Unternehmen, wenn man auf die Ergebnisse zur subjektiven Unterscheidung zwischen Arbeit und Nicht-Arbeit schaut. Die Ergebnisse verweisen darauf, dass das subjektive Arbeitsverständnis, also die gefühlte Arbeit, mit Aufwand gleichgesetzt wird und nicht auf den Zweck oder Nutzen wie im theoretisch basierten Verständnis von Arbeit referiert. Die Ursachen, warum Eltern Tätigkeiten als Arbeit oder als Nicht-Arbeit erleben, können dabei auf sehr verschiedenen Ebenen liegen: Die Tätigkeit selbst, die eigene Verfassung oder der Grad an Gemeinschaft können den Unterschied ausmachen. Dabei ist zu betonen, dass die eigene Verfassung und der Grad an Gemeinschaft, also der Kontext, in dem die Tätigkeit stattfindet, eine deutlich höhere Bedeutung für die subjektive Unterscheidung zwischen Arbeit und Nicht-Arbeit haben, als die Tätigkeit selbst. Dieses Ergebnis hat eine hohe Bedeutung. Es bedeutet, dass je mehr mentale Kraft Eltern zur Verfügung haben, und je mehr Gemeinschaft aktive Eltern mit ihren Kindern erleben, desto weniger werden die Tätigkeiten für und mit Kindern subjektiv als Arbeit wahrgenommen. Umgekehrt bedeutet es, dass weniger mentale Kraft und weniger Gemeinschaft das Empfinden von Arbeit überproportional befördern. Es entsteht ein klassischer Teufelskreislauf: Je höher die Belastungen von Eltern in anderen Bereichen sind, und je weniger Zeit sie für Gemeinschaft in der Familie haben, desto mehr werden Tätigkeiten für Kinder und mit ihnen als Arbeit im Sinne von Aufwand und Anstrengung wahrgenommen. Auch wenn das gefühlt-subjektivierte Arbeitsverständnis eine hohe Bedeutung hat, darf aber nicht vergessen werden, dass Tätigkeiten, die in erster Linie der Versorgung der Kinder dienen, nach dem theoretischen Modell des Arbeitshandelns generell Arbeit sind. Dieses theoretisch-objektivierte Verständnis von Arbeit ist für die Sichtbarmachung und für die gesellschaftliche Wertschätzung von familialer Care-Arbeit für Kinder sehr wichtig und unverzichtbar. Dennoch ist auch das gefühlt-subjektivierte Verständnis wichtig, denn dieses spielt für das eigene Erleben die entscheidende Rolle.[26]

---

26 Die unterschiedliche, aber je wichtige Bedeutung eines subjektivierten und eines objektivierten außererwerblichen Arbeitsbegriffs intuitiv erfassend, haben mehrere der befragten Eltern für ihr Erleben eine dritte Kategorie zwischen Arbeit und Nicht-Arbeit

Wie bewerten Eltern ihr Leben mit Kindern?

Schaut man auf die Bewertung des Lebens mit Kindern, lässt sich festhalten, dass die meisten Eltern sich bereichert fühlen durch ihr Leben mit ihren Kindern. Das Gefühl der Bereicherung wird bei einem Teil der Eltern allerdings durch das Gefühl eines entgangenen (Erwerbsarbeits-)Lebens gedämpft und es kommt zu einer ambivalenten Bewertung. Aber es gibt auch gänzlich unzufriedene Eltern. Deutlich negativ wird das Leben mit Kindern bewertet, wenn Einflussnahme auf die Kinder nicht gelingt. Wenn sich die Kinder nicht in die erwünschte Richtung entwickeln, oder wenn die Kinder dauerhaft mit starkem Widerstand auf Versuche der Einflussnahme reagieren, bricht der Ausgleich, »das positive Echo für all die Mühen« weg, und das Leben ist einseitig belastend. Auch hier rückt die Rolle des Kindes als Koproduzent der familialen Care-Arbeit für Kinder ins Blickfeld. Konzentriert sich die derzeitige Diskussion bisher auf die Rollenerwartungen an Eltern, insbesondere an Mütter, als eine wichtige Ursache der hohen Belastungen von Eltern, verweisen diese Ergebnisse darauf, dass auch die Rollenerwartungen an Kinder die familiale Care-Arbeit für Kinder erheblich prägen. Ein Vergleich dieser Ergebnisse mit der im Forschungsstand vorgestellten Studie zur Lebenszufriedenheit von Menschen mit Kindern von Pollmann-Schult (2013) ist nicht direkt möglich, weil sich die Ergebnisse auf verschiedenen Ebenen bewegen. Die Ergebnisse ergänzen sich aber sehr gut zu einem Gesamtbild. Während Pollmann-Schult (ebd.) wichtige Rahmenbedingungen

---

eingeführt. Es sind Tätigkeiten, die »eigentlich« oder »in gewisser Weise« für die befragten Eltern Arbeit sind, aber von ihnen nicht als Arbeit empfunden werden, weil sie Spaß machen: »Kochen und Einkaufen sind für mich in gewisser Weise auch Arbeit, aber es bereitet mir Freude. Deswegen ist es eigentlich keine Arbeit.« Auch Tätigkeiten, die »eigentlich« Arbeit sind, aber in Gemeinschaft verrichtet werden, werden von mehreren befragten Eltern in diese dritte Kategorie verortet: »Als Freizeit mit meinen Kindern empfinde ich natürlich, wenn wir zusammen essen oder grillen, oder auch mal was gemeinsam im Garten machen. Auch wenn es dann eigentlich Arbeit ist, die man aber zusammen macht.« Mehrere der befragten Eltern erweitern die Dualität Arbeit versus Nicht-Arbeit zu der Trinität Aufwand-Arbeit versus Freizeit-Arbeit versus Freizeit. Lorenz und Küster (2007) bringen ebenfalls den Begriff Aufwand und Arbeit zusammen, indem sie herausarbeiten, dass bestimmte Praktiken, wie beispielsweise »sexuelle Arbeit« als ein Aufwand, und deswegen als Arbeit zu verstehen sind. In diese Begrifflichkeit übertragen kann man sagen, dass gefühlte Arbeit gleichzusetzen ist mit Aufwand-Arbeit. Dies ist ein wichtiges Ergebnis, um das theoretisch-objektivierte und das gefühlt-subjektivierte Arbeitsverständnis auf einen Nenner zu bringen, und beide Perspektiven aufeinander beziehen zu können.

der Zufriedenheit wie ausreichend Geld, Zeit und eine stabile Partnerschaft herausarbeitet, arbeitet die vorliegende Studie wichtige innere Verfasstheiten der Akteure für ein zufriedenes Leben mit Kindern heraus: Die positive Entwicklung der Kinder und die positive Entwicklung der eigenen Person sind die entscheidenden Marker für die generelle Zufriedenheit. Insbesondere die Bedeutung der eigenen Entwicklung wird auch in der Studie zu den Mütterbildern von SOS-Kinderdorfmüttern hervorgehoben (Speck 2014). Speck (ebd.) zeigt, dass Mütter, die eine positive Entwicklung der eigenen Person durch das Tätigsein als Mutter erleben, sich deutlich weniger belastet fühlen. Dass Menschen sich nicht nur in der Sphäre der Erwerbsarbeit entwickeln können, sondern dass auch familiale Care-Arbeit eine persönliche Entwicklung bedeutet, sollte zunehmend ein Bestandteil des gesellschaftlichen Diskurses werden.

Zusammenfassend lassen sich folgende bisher wenig diskutierte Facetten von familialer Care-Arbeit für Kinder formulieren:

- Eltern brauchen nicht nur erwerbsarbeitsfreie Zeit mit ihren Kindern und zur Selbstsorge, sondern sie brauchen auch erwerbsarbeitsfreie Zeit ohne Kinder zum Abarbeiten von Hausarbeit.
- Die Einflussnahme auf die eigenen Kinder, ohne die Beziehung zu gefährden, ist das zentrale Ziel der Eltern. Eltern wissen oft nicht, wie das geht. Erziehung in einer und für eine meritokratische/n Gesellschaft wird von Eltern als sehr schwere Arbeit wahrgenommen, die ein erhebliches Maß an mentaler Kraft braucht. Zeit, in der Eltern gegen das »Nichtwollen« des Kindes interagieren müssen, wird als sehr anstrengend erlebt. Kinder sind Koproduzenten der familialen Care-Arbeit für Kinder und müssen einen entsprechenden Stellenwert in der Analyse haben. Die Individualität von Kindern, aber auch die gesellschaftlichen Rollenbilder von Kindern und Rollenerwartungen an Kinder wirken in hohem Maße auf die Care-Arbeit von Eltern ein.
- Eltern haben viele Kooperationen, und die Gestaltung von Kooperationen ist Arbeit. Im ungünstigsten Fall machen Kooperationen sogar mehr Arbeit als sie Entlastungen bringen.
- Neben vielen anderen Kompetenzen ist die persönliche Stabilität für Eltern eine zentrale Kompetenz und Ressource. Eltern sind sich sehr bewusst, dass sie nicht nicht wirken können.

- Eltern nutzen Arbeitsmittel über Haushaltsgeräte hinaus in sehr verschiedener Weise. So sind Arbeitsmittel zur Planung und Organisation für einen Teil von Eltern absolut notwendig, während sie von einem anderen Teil gar nicht genutzt werden. Arbeitsmittel haben auch versteckte Funktionen: So befördert ein Auto nicht nur von A nach B, sondern schützt auch vor öffentlich unangenehmen Selbstpräsentationen.
- Positive Äußerungen über die Kinder, insbesondere von Personen über die Familie hinaus, sind eine starke Kraftquelle.
- Je erschöpfter Eltern sind, und je weniger Gemeinschaft sie in der Familie erleben, desto mehr empfinden Eltern ihre Tätigkeiten für ihre Kinder gefühlt als Arbeit. Umgekehrt gilt: Je mehr mentale Kraft Eltern zur Verfügung steht, und je mehr Gemeinschaft sie in der Familie erleben, desto mehr empfinden Eltern ihre Tätigkeiten für ihre Kinder gefühlt als Nicht-Arbeit.
- Die Entwicklung der Kinder und die Entwicklung der eigenen Person sind der Gradmesser der generellen Zufriedenheit mit dem eigenen Leben mit Kindern. Die hohe tägliche Anstrengung fließt in die Gesamtbewertung des Lebens mit Kindern eher weniger ein. Zwischen der Lebens- und der Tageszufriedenheit ist zu unterscheiden. Eltern können lebenszufrieden und gleichzeitig über einen langen Zeitraum, der dann als Phase gedeutet wird, tagesunzufrieden sein.

7. Ergebnisse Teil 2: Welche Care-Typen von Eltern lassen sich unterscheiden?

Auf der Grundlage der qualitativen Inhaltsanalyse (Kuckartz 2014: 77ff., 98ff.) wurde mit der typenbildenden Inhaltsanalyse (ebd.: 114ff.) eine Typologie des Care-Handelns von Eltern erarbeitet. Grundlage der Typologie sind die Ausprägungen aller Dimensionen des Arbeitshandelns. Alle befragten Eltern wurden entlang ihrer jeweiligen Ausprägungen der verschiedenen Dimensionen des Arbeitshandelns gruppiert, d.h. nach möglichst großer Ähnlichkeit innerhalb der Gruppen und möglichst großer Unterschiedlichkeit zwischen den Gruppen sortiert. Es zeigte sich, dass es sinnvoll ist, drei Gruppen zu bilden. Diesen wurden jeweils ein Name und ein Kernsatz zugewiesen, wobei sowohl der Name als auch der Kernsatz auf das grundlegende Handlungsprinzip des jeweiligen Care-Typs verweisen (zum Vorgehen bei der Typenbildung siehe Kapitel 5).

Es lassen sich grundsätzlich die folgenden drei Care-Typen unterscheiden:

1. Gemeinschaftsgestalter*in: »Gelebte Gemeinschaft ist zentral. Ich achte sehr auf die langfristige Beziehung zu meinem Kind.«
2. Manager*in: »Ein funktionierendes System ist zentral. Ich gestalte sehr bewusst mein Unterstützungsnetzwerk.«
3. Tagesbezwinger*in: »Mehr als schauen, was gerade geht, ist nicht möglich.«

Im den folgenden Kapiteln 7.1 bis 7.3 werden die Care-Typen nacheinander beschrieben. Beschrieben werden zunächst grundlegende Arbeitsprinzipien des jeweiligen Typs, verdichtet zu einem Kernsatz. Anschließend wird nacheinander beschrieben, welche zentralen Handlungsstrategien Eltern des jeweiligen Typs realisieren, welche Ressourcen sie einbringen bzw. nutzen, was sie belastet, wann sie ihr Tätigsein für ihre Kinder eher als Arbeit und wann eher als Nicht-Arbeit empfinden, und wie sie ihr Leben mit ihren Kindern bewerten. Nicht explizit eingegangen wird auf die Ziele, weil diese über alle befragten Eltern hinweg im Großen und Ganzen die gleichen sind, wie im Kapitel 6.1.1 dargestellt: Nämlich, dass ihre Kinder erstens »später gut zurechtkommen« und zweitens »eine zufriedene Kindheit« haben. Zur Vertiefung und zur Sichtbarmachung von Zusammenhängen sind in die Beschreibungen beispielhafte Subjektkonstruktionen[1] einzelner Vertreter*innen des jeweiligen Typs eingearbeitet. Zum Abschluss jedes Care-Typs wird darauf eingegangen, ob und ggf. wie das jeweilige Care-Handeln zusammenhängt mit den jeweiligen sozio-ökonomischen Rahmenbedingungen. Im Kapitel 7.4. werden in einem Vergleich die wichtigsten Unterschiede der Typen hervorgehoben. Im Anhang 1, in den Tabellen 13a-e, sind die Care-Typen in einem Überblick vergleichend dargestellt. Die Häufigkeiten der Ausprägungen aller Dimensionen des Arbeitshandelns der drei Care-Typen sind dort aufgelistet. Damit ist erstens ein schneller vergleichender Überblick möglich und zweitens ist die Transparenz der Typenbildung gewährleistet.

7.1 Die Gemeinschaftsgestalter*innen

Gemeinschaftsgestalter*innen[2] erzählen viel von der Notwendigkeit von Zeit, von Liebe und von Gemeinschaft. Für ein gutes Leben mit Kindern brauchen sie ein gutes familiales Miteinander, viel gemeinsame Zeit mit den Kindern, eine gute Zeitbalance zwischen Erwerbs- und Familienzeit und

1 Subjektkonstruktionen erfassen soziale Praxen in ihren Wechselwirkungen zwischen den drei Ebenen Identität, Struktur und Repräsentation (Winker 2012: 20). So wird der (gesellschaftliche) Kontext sichtbar, aus dem heraus die Person handelt. Verwendet man Zitate, ist es oft nicht möglich, diese Kontexte zu erfassen. Die Subjektkonstruktionen werden anonymisiert dargestellt, d.h. die dort verwendeten Namenskürzel geben nicht die wirklichen Namenskürzel der befragten Person wieder. Die innerhalb einer Subjektkonstruktion in Anführungszeichen gesetzten Passagen kennzeichnen Zitate aus dem Interview.

2 In diesem Typ befinden sich sieben Personen: drei alleinerziehende Mütter, wovon zwei erwerbstätig sind; eine verheiratete, nicht erwerbstätige Mutter, die die Hauptversorgerin ihrer Kinder ist; zwei in Partnerschaft lebende Studentinnen, die die Hauptversorgerinnen ihrer Kinder sind; ein überstündig erwerbsarbeitender Vater, dem die Nebenversorgung seiner Kinder obliegt (siehe Tabelle 9).

ausreichend Geld. Für viele ist es wichtig, auch in Zukunft und möglichst das ganze »Leben lang«, gemeinsame Zeit mit den Kindern zu verbringen. Gemeinschaftsgestalter*innen gestalten sehr bewusst die Beziehung zu ihrem Kind, mit dem Ziel, eine intensive, tiefe Beziehung und nachhaltige Gemeinschaft herzustellen. Ihr Kernsatz lautet: »Gelebte Gemeinschaft ist zentral. Ich achte sehr auf die langfristige Beziehung zu meinem Kind.« Gemeinschaftsgestalter*innen erledigen viele Aufgaben selbst und versuchen, möglichst auch viel zweckfreie Zeit mit ihren Kindern zu verbringen. Gemeinschaftsgestalter*innen grenzen sich ab von Eltern, die ihren Alltag und ihre Kinder mit Aktivitäten verplanen.

Welche zentralen Handlungsstrategien realisieren Gemeinschaftsgestalter*innen?

Gemeinschaftsgestalter*innen versuchen, möglichst viel Zeit mit ihren Kindern zu verbringen, und diese Zeit nicht zu verplanen, sondern sie möglichst oft kurzfristig mit Blick auf die jeweilige Situation zu gestalten. Sie richten ihr Handeln nicht zentral an Zwecken, sondern möglichst oft an gemeinsamen Bedürfnislagen aus. Gemeinschaftsgestalter*innen handeln weniger vorausschauend, sondern oft situativ. Sie realisieren in ihrer familialen Care-Arbeit mehrheitlich eine situativ-proaktive Zeitstrukturierung. Gemeinschaftsgestalter*innen, die nebenbei einer Erwerbsarbeit nachgehen (müssen), gestalten ihre Erwerbsarbeit aktiv zugunsten ihrer familialen Care-Arbeit für Kinder, und das oft unter großen Mühen und zu Lasten der Güte der Erwerbsarbeit, und auch oft selbst dann, wenn eine externe Betreuung möglich wäre, wie beispielsweise die Subjektkonstruktion von Frau T.[3] zeigt:

> Frau T. kämpft darum, Zeit für ihre Tochter zu realisieren. Zeit mit ihrer Tochter zu verbringen, findet sie »das Wichtigste überhaupt«. Eine mögliche Unterstützung, die Ganztagsbetreuung in der Schule, nimmt Frau T. nicht in Anspruch. Dies will sie ihrer Tochter »nicht zumuten«. Sie hat sich eine volle Putzstelle in der Nähe ihres Wohnortes gesucht. Putzen in örtlicher Nähe gibt ihr die Möglichkeit, immer mal wieder zwischendurch ihre Tochter zu versorgen. Frau T. würde gerne halbtags arbeiten, aber das Geld würde dann nicht reichen.

---

3 Frau T. ist alleinerziehend und als Reinigungskraft voll erwerbstätig. Sie versorgt ihre 8-jährige Tochter und hat noch eine ältere Tochter, die im eigenen Haushalt lebt.

Für Gemeinschaftsgestalter*innen ist es – wie bei allen anderen Eltern auch – zentral, Einfluss auf ihre Kinder auszuüben, und dies gelingt ihnen auch. Aber hierfür brauchen sie viel Zeit. Im Unterschied zu den anderen Typen ist ihre Interaktionsform zur Einflussname auf ihre Kinder stärker ausgerichtet auf das Führen von beharrlichen Gesprächen. Gemeinschaftsgestalter*innen sind in der Regel von dieser Methode überzeugt, brauchen aber auch Erfolgserlebnisse, um am Ball zu bleiben, wie die Subjektkonstruktion von Frau T. beispielhaft zeigt:

> Für Frau T. ist es zentral, dass ihre Tochter ein Recht auf Kind-Sein hat. Sie erzieht, indem sie viele Gespräche führt, »mit sanfter Tour, mit vielen Worten«. Sie möchte ihrer Tochter Freiheiten lassen, damit sie sich wohlfühlt. Sie hat das Gefühl, dass sie mit ihrer Methode der beharrlichen Gespräche Erfolg hat. Als ihre Tochter das eigene Zimmer aufgeräumt hat, da hat Frau T. sich sehr gefreut, dass ihre »Methode funktioniert«. Sie braucht diese Erfolgserlebnisse, die Bestätigung, dass sich der »Aufwand lohnt«.

Für einige, meist nebenversorgende Gemeinschaftsgestalter*innen, ist die zentrale Interaktionsform zur Einflussnahme auf ihre Kinder die eigene Präsenz. Diese Eltern sind der Ansicht, dass es gar nicht so viel direkte Ansprache braucht, sondern Einflussnahme besser indirekt gelingt über Aufmerksamkeit und Präsenz. Sie vertrauen darauf, dass ihre Kinder sich auch »ohne viel Erziehung« gut entwickeln, achten aber darauf, dass sie »den Kopf frei haben«, wenn sie mit ihren Kindern etwas unternehmen. Nur ein Teil der Gemeinschaftsgestalter*innen realisiert Einfluss über liebevolle Strenge. Der überwiegende Verzicht auf Strenge bei den Gemeinschaftsgestalter*innen ist allerdings nicht immer der eigenen Überzeugung geschuldet, sondern zum Teil auch dem Unvermögen, Strenge zu realisieren. Einige wären bisweilen gerne streng, wissen aber nicht »wie Streng-Sein geht«, insbesondere weil ihnen keine angemessenen Strafen und Konsequenzen einfallen. Sie vermissen Strenge in ihrem Handlungsrepertoire und wünschen sich Schulungen im Hinblick auf umsetzbare Konsequenzen, wie die Subjektkonstruktion von Frau S.[4] zeigt:

4 Frau S. lebt getrennt von den zwei Vätern ihrer drei Kinder, die alle bei ihr wohnen. Die beiden Väter versorgen die Kinder an jedem zweiten Wochenende. Frau S. arbeitet 28 Stunden in der Woche.

> Frau S. würde manchmal auch gerne mit Strenge Einfluss auf ihre Kinder nehmen. Sie weiß allerdings nicht, wie das geht. Ihr stehen bei negativem Verhalten ihrer Kinder keine »angemessenen Strafen oder Konsequenzen« zur Verfügung. Sie findet die üblichen Konsequenzen meist nicht angebracht, weil sie findet, dass diese nichts mit dem unangemessenen Verhalten zu tun haben. Sie hätte gerne »intelligente Konsequenzen« zur Verfügung, allerdings fehlen ihr entsprechende Ideen. Frau S. fände Schulungen in diesem Bereich sehr wichtig und vermisst entsprechende Angebote.

Im Umgang mit unterstützenden Institutionen und Personen realisieren Gemeinschaftsgestalter*innen einen eher niedrigen Kooperationsgrad. Das heißt, ihnen steht in der Regel kein komplexes Kooperationssystem zur Betreuung ihrer Kinder zur Verfügung. Das Gros praktiziert lediglich Kooperationen mit Regelinstitutionen wie Schule und Kindertagesstätte und ggf. mit dem anderen Elternteil. Teilweise kommen Kooperationen mit der erweiterten Familie und mit Beratungs- und therapeutischen Einrichtungen hinzu. Sie greifen kaum auf Freund*innen oder bezahlte Hilfen zurück. Die Qualitäten der Kooperationen sind unterschiedlich. Gemeinschaftsgestalter*innen realisieren eingestimmte, dauerhaft abzustimmende, autonome und konfliktäre Kooperationen, wobei autonome Kooperationen deutlich überwiegen. Das heißt, dass Gemeinschaftsgestalter*innen einen erheblichen Anteil ihrer Kooperationen kaum gestalten, sondern dass die Arbeit der Kooperationspartner*innen überwiegend nebenherläuft und auch bei Unzufriedenheit hingenommen wird.

Welche Ressourcen bringen Gemeinschaftsgestalter*innen ein?

Als Kompetenzen nennen Gemeinschaftsgestalter*innen am häufigsten Beziehungskompetenzen, wobei Empathie und Flexibilität im Zentrum stehen. Aber auch Erziehungskompetenzen und die persönliche Stabilität werden oft genannt. Dagegen werden Organisationskompetenzen von keinem Elternteil dieses Typs genannt. Im Kompetenzbereich »persönliche Stabilität« finden Gemeinschaftsgestalter*innen Lebensfreude und Leichtigkeit besonders wichtig, wobei insbesondere die Leichtigkeit auch abhandenkommen kann und dann sehr vermisst wird, wie die Subjektkonstruktion von Frau S. beispielhaft zeigt:

> Frau S. empfindet ihre Kinder und auch ihre späte Mutterschaft bei ihrem Sohn als eine große Bereicherung. Für Frau S. ist die bedingungslose Liebe das Wichtigste im Leben mit ihren Kindern. Frau S. grenzt sich ab von Eltern, die ihre Kinder ständig mit Freizeitaktivtäten verplanen und das Aktivitätsangebot der Kindertagesstätte als mangelhaft kritisieren. Erfolg heißt für Frau S., ein zufriedenes leichtes Leben zu führen und so sein zu können, wie man ist. Empathie, Flexibilität, Gelassenheit und Leichtigkeit sind für Frau S. die zentralen Kompetenzen in ihrem Leben mit ihren Kindern. Seit der schmerzhaften Trennung vom Vater ihres Sohnes hat Frau S. allerdings ihre »Leichtigkeit verloren« und vermisst diese sehr. Deswegen hält sie es beispielsweise für unrealistisch, dass ihr Sohn ein Instrument erlernt, obwohl sie dies wichtig findet. Ihr fehlt die Kraft, ihren Sohn täglich »zum Üben anzutreiben«. Frau S. fühlt sich gehetzt und kaputt. Die Ursachen sieht Frau S. in ihren vielfältigen Belastungsfaktoren: ihr Alter von 46 Jahren, überwiegend alleinerziehend, berufstätig, chronische Rückenschmerzen. Am meisten bedauert sie, dass sie ihren Kindern keine intakte Familie bieten kann.

Zum Schulungsbedarf haben Gemeinschaftsgestalter*innen verschiedene Ansichten. Knapp die Hälfte findet Schulungen grundsätzlich wichtig, wünscht sich aber ein anderes Angebot, als derzeit vorhanden, und knapp die Hälfte findet Schulungen unnötig. Lediglich ein Elternteil findet Schulungen zugleich erforderlich und gut im Hinblick auf das derzeitige Angebot.

Gemeinschaftsgestalter*innen nutzen wie alle Typen Arbeitsmittel über Haushaltsgeräte hinaus. Die meisten Arbeitsmittel nutzen sie im Bereich Erreichbarkeit und Mobilität. Für viele Eltern dieses Typs ist das »wichtigste Arbeitsmittel überhaupt« das Gespräch. Ihre beharrlichen Gespräche mit ihren Kindern zur Einflussnahme auf ihre Kinder sehen viele als ihr zentrales Arbeitsmittel an. Arbeitsmittel zur Zeit- und Aufgabenplanung werden von Gemeinschaftsgestalter*innen im Unterschied zu den beiden anderen Typen von keiner Person genutzt.

Gemeinschaftsgestalter*innen bekommen in Teilen Anerkennung und nutzen weitere Kraftquellen als Ressource ihrer Handlungsfähigkeit. Sehr im Unterschied zu den anderen Typen ist der zentrale Anerkennungsgeber das Kind bzw. sind es die Kinder selbst. Obwohl sie eine generelle Anerkennung insbesondere von der Gesellschaft und teilweise auch vom Partner vermissen, relativieren sie zugleich vor sich selbst die Bedeutung dieser Anerkennung. Am Wichtigsten ist ihnen die Anerkennung durch die Kinder selbst, die sie auch bekommen. Diese Anerkennung durch die Kinder ist für Gemeinschaftsgestalter*innen die zentrale Ressource, um Unzufriedenheit zu kompensieren. Auch über diese unmittelbare Anerkennung hinaus ist das Leben mit Kindern insgesamt eine große Kraftquelle. Nur ein Teil der Gemeinschaftsgestalter*innen erwähnt explizit Zeit ohne Kinder als eine notwendige Kraftquelle. Realisieren und nutzen können sie diese Zeit aber nur sehr eingeschränkt. Zeit ohne Kinder ist meist mühsam errungene Zeit und obendrein noch mit einem schlechten Gewissen verbunden. Sie kann von daher ihre potenzielle Wirkung nicht voll entfalten, wie die Subjektkonstruktion von Frau S. beispielhaft zeigt:

> Frau S. fühlt sich zu wenig anerkannt, von der Gesellschaft und insbesondere von den Vätern ihrer Kinder. Am meisten Anerkennung bekommt sie von den Kindern selbst. Wenn ihre Kinder ihr sagen, »wie lieb sie [sie] haben, dann entschädigt das für alles«. Aber auch ganz generell empfindet Frau S. ihre Kinder als die größte Kraftquelle ihres Lebens. Dennoch baucht Frau S. als Kraftquelle auch Zeit ohne ihre Kinder. Dieses Bedürfnis bedeutet für Frau S. allerdings ein Dilemma: das Dilemma, einerseits kinderfreie Zeiten zu brauchen, andererseits aber ein schlechtes Gewissen zu haben, wenn sie nichts mit ihren Kindern macht. Frau S. spricht vom »Teufelskreis«, der eine völlige Entspannung verhindert und sozusagen nur »angespannte Entspannungszeiten« zulässt.

Was belastet Gemeinschaftsgestalter*innen?

Zeitmangel ist der zentrale Belastungsfaktor von Gemeinschaftsgestalter*innen. Parallele Erwerbsarbeit führt zu einem Mangel an Zeit und/oder mentaler Kraft für das Gestalten der familialen Gemeinschaft. Aber auch die Erziehung, insbesondere im Zusammenhang mit emotional schwierigen Kontexten wie Trennungen vom Partner, ist ein großer Belastungsfaktor. Gemeinschaftsgestalter*innen versuchen, Zeit, Kraft und Geld gut auszubalancieren. Das gelingt ihnen jedoch nur sehr unzureichend. Von den Gemeinschaftsgestalter*innen, die keiner Erwerbsarbeit nachgehen, wird die zur Verfügung stehende Zeit als sehr positiv gewertet. Aber sie führt zu einem Mangel an Geld und auch zu einem Mangel an Vorbildlichkeit. Erwerbsarbeitende Gemeinschaftsgestalter*innen leben teilweise unter einer extremen Anstrengung, auch weil Gemeinschaftsgestalter*innen es als absolut notwendig ansehen, viel Zeit mit den Kindern selbst zu verbringen, wie die Subjektkonstruktion von Frau T. zeigt:

> Frau T. fühlt sich total kaputt: »Manchmal denke ich, wie geht es weiter, ich kann bald nicht mehr.« Frau T. agiert an den Grenzen ihrer Kräfte, sie würde – wenn Zeit und Raum da wären – »am liebsten zunächst in eine Depression fallen«, um sich dann wiederaufzubauen. Sie fühlt sich total erschöpft. Wenn sie abends vor dem Fernseher einschläft, ermahnt ihre Tochter sie, dass sie schlafen soll. Diese »Umkehrung« der Sorge ist Frau T. sehr unangenehm: »Meine Lütte sagt zu mir, dann leg dich schlafen. Weil ich einfach kaputt bin. Da fühle ich mich dann total unwohl.« Nach dem Tod des Vaters ihrer Tochter muss Frau T. plötzlich und unter Trauer alles allein bewerkstelligen: voll erwerbsarbeiten und voll ihre Tochter versorgen. Frau T. hat die Erwartung an sich, vieles allein zu schaffen und »alles richtig zu machen«. Mögliche Entlastungen nimmt sie nicht in Anspruch: Sie will ihrer Tochter keine Ganztagsschule zumuten. Frau T. sucht sich eine neue Erwerbsarbeit und findet eine Putzstelle in der Nähe ihrer Wohnung. Nur so kann sie zwischendurch nach Hause gehen, um ihre Tochter zwischendurch zu versorgen.

Wann erleben Gemeinschaftsgestalter*innen ihr Tätigsein für ihre Kinder eher als Arbeit und wann eher als Nicht-Arbeit?

Gemeinschaftsgestalter*innen empfinden ihr Handeln für Kinder und mit ihnen weniger als Arbeit als die anderen Typen. Den Unterschied zwischen gefühlter Arbeit und Nicht-Arbeit markieren sie auf verschiedenen Ebenen. Bei einigen liegt der gefühlte Unterschied primär in der Tätigkeit selbst, wobei hier insbesondere bestimmte Hausarbeiten als Arbeit empfunden werden. Bei anderen liegt der Unterschied primär im Kontext: Die eigene Verfassung oder der Grad an Gemeinschaft bestimmen, ob Tätigkeiten als Arbeit oder als Nicht-Arbeit empfunden werden. Besonders bemerkenswert ist der Grad der Gemeinschaft als Unterscheidungskriterium: Tätigkeiten, die gemeinläufig als Arbeit konnotiert sind, können in Gemeinschaft als Nicht-Arbeit erlebt und Freizeittätigkeiten, die meist mit Nicht-Arbeit konnotiert sind, können bei fehlender Gemeinschaft als Arbeit erlebt werden. Deutlich wird dies in der folgenden Subjektkonstruktion von Frau Z.[5]. Besonders interessant ist, dass Abstimmungen und Absprachen das Gemeinschaftserleben verhindern, weswegen Frau Z. notwendige Absprachen vorab klärt:

---

5 Frau Z. ist erwerbsarbeitssuchend und versorgt ihren 15-jährigen Sohn überwiegend allein. Sie hat noch zwei ältere Töchter, die in eigenen Haushalten leben.

> Alles, was in Gemeinschaft stattfindet, ist für Frau Z. keine Arbeit: Beispielsweise gemeinsames Kochen und auch das anschließende Aufräumen sind für Frau Z. keine Arbeit, wenn es für sie als in Gemeinschaft erlebt wird. Freizeitaktivitäten mit Kindern sind für Frau Z. nur dann keine Arbeit, wenn sie in Gemeinschaft stattfinden. Das Erleben von Gemeinschaft ist für Frau Z. dann gegeben, wenn gemeinsame Tätigkeiten oder Aktivitäten nicht durch Widerstände, Absprachen oder ganz allgemein planerische Vorausschau in ihrem Handlungsfluss unterbrochen werden. Wenn Frau Z. mit ihrem Sohn »shoppen geht«, werden vorab Absprachen gemacht, beispielsweise wie viel Geld ausgegeben werden darf, damit es keine Arbeit, sondern ein Freizeiterlebnis wird: »Mit meinen Kindern in Ruhe mal shoppen zu gehen, das ist für mich keine Arbeit, weil [...] wir sprechen vorher ab, was gekauft wird und ca. welches Budget auch zur Verfügung steht.«

Wie bewerten Gemeinschaftsgestalter*innen ihr Leben mit ihren Kindern?

Gemeinschaftsgestalter*innen fühlen sich sehr bereichert durch ihre Kinder und können sich ein Leben ohne Kinder nicht vorstellen. Sie bewerten ihr Leben mit ihren Kindern von allen Typen am positivsten: entweder als ein sehr bereicherndes und das Selbst entwickelndes Leben oder als bereicherndes, aber auch entgangenes Leben. Trotz des teils sehr hohen Anstrengungsgrads wird bei der Gesamtbewertung ihres Lebens mit ihren Kindern nicht auf die Anstrengung fokussiert, sondern vielmehr auf die positive Entwicklung ihrer Kinder und auf die Weiterentwicklung der eigenen Person wie die Subjektkonstruktion von Frau T. zeigt:

> Frau T. bewertet ihr Leben als sehr bereichernd und dies obwohl sie »total erschöpft« ist. Sie deutet ihre Anstrengung und Erschöpfung als vorübergehend: »Das ist momentan eine Phase, da geht es nun mal nicht anders, aber ich arbeite dran.« Trotz ihrer völligen Erschöpfung steht im Vordergrund ihrer Lebensbewertung, dass es sie »glücklich« macht, dass ihre Tochter da ist, und dass ihre Tochter sich positiv entwickelt. Und dass sie ihr Leben trotz aller »schwierigen und traurigen Seiten« als »lehrreich und erlebnisreich« empfindet.

Wie sind die sozio-ökonomischen Rahmenbedingungen von Gemeinschaftsgestalter*innen?

In diesem Typ befinden sich sieben Personen: sechs Mütter, die alle die Hauptversorgung ihrer Kinder übernehmen und ein Vater, der seine Kinder zusätzlich zur Hauptversorgung durch seine Ehefrau (neben)versorgt. Die Anzahl der Kinder variiert zwischen einem bis drei Kindern, wobei teilweise noch weitere Kinder in anderen Haushalten leben. Auffällig ist, dass Gemeinschaftsgestalter*innen mehrheitlich ökonomisch weniger gut situiert leben. Von den sechs hauptversorgenden Müttern leben drei Mütter im prekären, zwei Mütter im paarzentrierten und eine Mutter im subsistenzorientierten Reproduktionsmodell. Lediglich der Vater lebt im ökonomisierten Reproduktionsmodell. Zu berücksichtigen ist dabei, dass der Vater überstündig erwerbsarbeitet und die Hauptversorgung der Kinder von seiner Ehefrau übernommen wird (siehe Tabelle 9).

*Tabelle 9: Die Gemeinschaftsgestalter*innen im Überblick*

Anonymisierter Name	Reproduktionsmodell	Geschlecht: Alter	Umfang: Care-Arbeit*; Institutionelle Versorgung**	Umfang Erwerbsarbeit	Alter der Kinder (Kinder, die nicht im Haushalt leben)
Frau T.	prekär	w: 49	A; Schule	Vollzeit-Stelle	8 (31)
Frau S.	prekär	w: 46	A; Kita: 8h	75 %-Stelle	6, 23 (26)
Frau K.	prekär	w: 27	H; keine	Studentin	1
Frau H.	paarzentriert	w: 49	H; Schule	Hausfrau mit Minijob	13, 14
Frau P.	paarzentriert	w: 28	H; Kita: 6h	Studentin	2, 4, 5
Frau Z.	subsistenzorientiert	w: 43	A; Schule	arbeitssuchend	15 (18, 21)
Herr A.	ökonomisiert	m: 50	N; TM: 6h	Vollzeit-Stelle u. Überstunden	3, 7 (0, 24)

Legende:
*H = übernimmt die Hauptversorgung der Kinder; N = übernimmt eine Nebenversorgung der Kinder, d.h. es gibt noch einen hauptversorgenden Elternteil; A = ist alleinerziehend
** Aufgeführt sind: Kita = Kindertagesstätte, TM = Tagesmutter, Schule bzw. Ganztagsschule. Andere Kooperationspartner*innen sind an dieser Stelle nicht aufgeführt.

Erwerbsarbeit hat in diesem Typ nicht den Stellenwert wie beispielsweise bei den Manager*innen. Nur zwei der sechs hauptversorgenden Mütter gehen einer Erwerbsarbeit nach: Frau T. erwerbsarbeitet in Vollzeit und Frau S. in Teilzeit. Wobei sich Frau T. nichts sehnlicher wünscht als eine Reduzierung ihrer Erwerbsarbeit, was ihr allerdings finanziell nicht möglich ist. Die beiden Mütter, die in einem paarzentrierten Reproduktionsmodell leben, gehen keiner Erwerbsarbeit nach, sondern Frau H. ist Hausfrau und Frau P. ist Studentin. Auf fällt der hohe Anteil an Alleinerziehenden: Drei der fünf Alleinerziehenden des Samples befinden sich in diesem Typ. Sehr interessant ist auch, wer sich nicht in diesem Typ befindet. Es gibt keine hauptversorgenden Eltern, die in einem ökonomisierten Reproduktionsmodell leben und keine hauptversorgenden Eltern, die erwerbsarbeiten und in einer Partnerschaft mit einem erwerbsarbeitenden Partner leben. Bis auf den nebenversorgenden Vater, sind die erwerbsarbeitenden Eltern beide alleinerziehend.

Festgehalten werden kann, dass alle befragten Gemeinschaftsgestalter*innen – bis auf den nebenversorgenden Vater – sozio-ökonomisch eher am unteren Ende der Gesellschaft leben. Sie haben keine oder eine schlecht bezahlte Erwerbsarbeit oder befinden sich in einem Studium. Zu betonen ist, dass Erwerbsarbeit zwar einen deutlich geringeren Stellenwert hat als bei den Manager*innen, dass aber kein eindeutiger Zusammenhang zur Höhe der Erwerbsarbeitszeit vorliegt. In diesem Typ befindet sich auch eine Mutter, die aus finanziellen Gründen in Vollzeit erwerbsarbeiten muss. Gemeinsam ist allen hauptversorgenden Gemeinschaftsgestalter*innen der Anspruch, viel selbst zu machen. Bei paralleler Erwerbsarbeit bedeutet dieser Anspruch besonders viel Stress und Anstrengung.

7.2 Die Manager*innen

Genau wie die Gemeinschaftsgestalter*innen versuchen auch die Manager*innen[6] eine gute Beziehung zu ihren Kindern aufzubauen und tun viel dafür, aber ihr Care-Handeln hat dennoch eine gänzlich andere Qualität.

6 In diesem Typ befinden sich sechs Personen: vier reduziert erwerbstätige und in einer Ehe/Partnerschaft lebende Mütter, denen die Hauptversorgung ihrer Kinder obliegen; eine alleinerziehende Mutter, die in Teilzeit erwerbsarbeitet; ein voll erwerbstätiger Vater, dem die Nebenversorgung seiner Kinder obliegt (siehe Tabelle 10).

Ein gutes Leben mit Kindern bedeutet für Manager*innen vor allem die Vereinbarkeit von Familie und Beruf gut und »einigermaßen entspannt« zu bewerkstelligen und in beiden Sphären erfolgreich sein zu können. Für sie ist es wichtig, einerseits in der Erwerbsarbeit möglichst wenig Einschränkungen wegen ihrer Kinder zu erfahren, und andererseits für die Familie so viel Zeit zu haben und so viele Aufgaben selbst zu erledigen, dass das Gefühl in einer Familie zu leben, erhalten bleibt. Manager*innen suchen nach dem richtigen Grad an Delegation von Familienaufgaben: Ein Delegationsgrad, der die Erwerbsarbeit nicht allzu sehr einschränkt, und die Familie als Familie erlebbar erhält. Manager*innen erzählen viel von System, Aufwand und Arbeit. Ihr Kernsatz lautet: »Ein funktionierendes System ist zentral. Ich gestalte sehr bewusst mein Unterstützungsnetzwerk.« Manager*innen verbringen weniger Zeit mit ihren Kindern, geben deutlich mehr Aufgaben an unterstützende Institutionen und Personen ab und gestalten sehr bewusst ihr Unterstützungsnetzwerk. Die eigenen Kinder werden mit Blick auf die Einschränkungen in der Erwerbsarbeit bei allem Positiven teilweise auch als entgangenes Leben gedeutet. Denn Erwerbsarbeit ist ein wichtiger Teil des Lebens und der Identität.

Welche zentralen Handlungsstrategien realisieren Manager*innen?

Das familiale Care-Handeln von Manager*innen ist geprägt von vielen geplanten Aufgaben und Zwecken, die getaktet abgearbeitet werden (müssen) und weist einen hohen Anteil an organisatorisch-planerischen Tätigkeiten auf. Die gedankliche Vorwegnahme zukünftigen Handelns ist ein wichtiger Bestandteil ihres familialen Care-Handelns. Manager*innen realisieren grundsätzlich eine geplant-proaktive Zeitstrukturierung.

Auch für Manager*innen ist die Einflussnahme auf ihre Kinder zentral und ebenso wie die Gemeinschaftsgestalter*innen schaffen sie es, Einfluss zu realisieren. Im Gegensatz zu den Gemeinschaftsgestalter*innen basiert ihre Interaktionsform zur Einflussnahme aber primär auf liebevoller Strenge. Manager*innen betonen mehr als die anderen Typen die Wichtigkeit von Konsequenz und Strenge. Sie geben sich Mühe, liebevolle und klare Anweisungen zu formulieren und achten auf Konsequenz. Dafür nutzen sie teilweise auch Arbeitsmittel, die die eigene Anwesenheit ersetzen, wie beispielsweise Aufgabenlisten, die die Kinder abarbeiten sollen, wenn kein Elternteil zu Hause ist.

Der Umgang mit Kooperationen mit unterstützenden Institutionen und Personen ist bei Manager*innen dadurch bestimmt, dass sie viele Institutionen und Personen an der Versorgung ihrer Kinder beteiligen. Der Kooperationsgrad ist in der Regel sehr hoch. Zusätzlich zu den Regelinstitutionen wie Schule und Kindertagesstätte kooperieren Manager*innen mit bezahlten Hilfen und beteiligen teilweise Freund*innen an der Versorgung ihrer Kinder, so dass ein hoch arbeitsteiliges Versorgungssystem mit vielen Kooperationspartner*innen realisiert ist: Sie bauen mit ihren eigenen Worten ein »System« auf. Manager*innen sorgen sich um die Qualität des Unterstützungsnetzwerkes und investieren mehr Zeit in die Auswahl und Gestaltung unterstützender Institutionen und Personen als Gemeinschaftsgestalter*innen. Aber auch bei ihnen ist die Qualität der verschiedenen Kooperationen unterschiedlich. Wie die Gemeinschaftsgestalter*innen realisieren sie eingestimmte, dauerhaft abzustimmende, autonome und konfliktäre Kooperationen, aber in einem anderen Verhältnis. Sie realisieren absolut und auch relativ zu ihren gesamten Kooperationen deutlich häufiger eingestimmte Kooperationen, also Kooperationen, die ohne aufwendige stetige Abstimmungen eine zufriedenstellende Zusammenarbeit bieten, und sie haben deutlich weniger konfliktäre Kooperationen. Dies liegt wahrscheinlich daran, dass Manager*innen mehr Aufwand betreiben, ihre Kooperationspartner*innen auszuwählen, also unter Umständen auch bereit sind, die Kooperationspartner*innen so lange zu wechseln, bis eine Einstimmung oder zumindest Konfliktfreiheit vorliegt. Neben dem guten Unterstützungsnetzwerk sind ein gutes Zeitmanagement und gut koordinierte Abläufe das A und O der Alltagsbewältigung: Planung, Organisation, Delegation und Rhythmisierung sind wichtige Eckpfeiler ihres Care-Handelns für Kinder. Die Subjektkonstruktion von Frau N.[7] zeigt die Komplexität eines Versorgungssystems von Manager*innen. Sie zeigt aber auch, dass auch Manager*innen Zeit brauchen, in der sie ohne Kinder Aufgaben allein abarbeiten können. Frau N. hat ein System realisiert, das sie selbst als »optimal« bezeichnet: Erwerbsarbeits- und kinderfreie Tage zum Abarbeiten von Aufgaben, zuverlässige Unterstützung über die Kindertagesstätte hinaus

7 Frau N. erwerbsarbeitet auf einer 70 %-Stelle als Ärztin und versorgt hauptverantwortlich ihre beiden Kinder. Sie lebt in einer Ehe mit dem überstündig erwerbsarbeitenden Vater ihrer Kinder, der sich eher wenig an der Versorgung der Kinder beteiligt.

und immer einen »Joker«, der spontan einspringen kann, sind die zentralen Erfolgsfaktoren ihres »Systems«:

> Frau N. hat sich ein Alltagssystem aufgebaut, das es ihr ermöglicht »nicht allzu unentspannt« ihre Erwerbsarbeit und ihre familiale Care-Arbeit für Kinder »unter einen Hut« zu bringen, ohne auf ihren Mann angewiesen zu sein. Dafür hat sie ihre Erwerbsarbeitszeit in zwei Stufen reduziert, so dass sie ein bis zwei freie Erwerbsarbeitstage in der Woche hat, um Zeit ohne Kinder für anstehende Familienaufgaben zu haben. Sie hat ein Unterstützungssystem weit über die Kindertagesstätte hinaus realisiert. Frau N. braucht stets einen »Joker«, d.h. jemanden, der in unvorhersehbaren Situationen spontan einspringen kann. Deshalb beschäftigt Frau N. nicht nur einen, sondern zwei zuverlässige, engagierte Babysitter. Frau N. hat sich ihr Unterstützungssystem in harter Arbeit aufgebaut. U.a. suchte sie sehr professionell ihre zwei Babysitter über Stellenanzeigen, in denen genau formuliert ist, was sie möchte und was nicht. Für Frau N. ist ihr »mühsam aufgebautes System« zentral, aber auch gleichzeitig brüchig: So gibt sie beispielsweise die Telefonnummern ihrer gut funktionierenden Babysitter nicht weiter.

Manager*innen sind nicht nur sehr organisiert, sondern auch kreativ im Aufbau ihres Kooperationsnetzes: Es werden durchaus auch Aufgaben delegiert, die auf den ersten Blick als eher wenig delegierbar erscheinen, beispielsweise »Zeit für Kinder«, wie die Subjektkonstruktion von Frau E.[8] zeigt:

> Frau E. ist der festen Überzeugung, dass ganz allgemein einige Kinder, und in ihrer Familie konkret ihr jüngster Sohn, Zeit brauchen, die sie mit den Eltern ganz allein verbringen können, damit sie sich als Individuum angenommen fühlen. Da sie wegen ihrer Erwerbsarbeit diese Zeit nicht aufbringen kann, hat Frau E. über eine Stiftung eine »Patin als Elternersatz« organisiert, die einen Tag in der Woche etwas allein mit ihrem jüngsten Sohn unternimmt. Frau E. ist sehr zufrieden mit dieser Maßnahme: Das Selbstbewusstsein ihres Sohnes ist gestärkt worden, er sieht, dass er »etwas Besonderes« ist und Frau E. selbst fühlt sich sehr entlastet.

---

8 Frau E. erwerbsarbeitet halbtags als Buchhalterin und versorgt hauptverantwortlich ihre drei Kinder. Sie lebt in einer Ehe mit dem voll erwerbsarbeitenden Vater ihrer Kinder.

Ist der Grad an Arbeitsteilung in der Care-Arbeit für ihre Kinder und die Identifikation mit der Erwerbsarbeit auch hoch, so gibt es aber für auch für Manager*innen Grenzen der Delegation. Auch Manager*innen schließen bestimmte Aufgaben aus dem Bereich möglicher Delegationen aus, um das Lebensgefühl, in einer Familie zu leben, zu erhalten. Die von einer Delegation ausgeschlossenen Aufgaben sind individuell verschieden. Die folgende Subjektkonstruktion von Frau N. zeigt ein Beispiel für Grenzen der Delegation:

> Das »Unterstützungssystem« von Frau N. hat deutliche Grenzen: Grenzen der Organisation und der Delegation. So ist Frau N. weder bereit, Nachtschichten in der Woche zu leisten, weil ihr die Organisation einer Betreuung zu aufwendig ist, noch ist sie bereit, den Vorschlag ihres Mannes anzunehmen, eine ständige Haushaltshilfe einzustellen, weil sie bestimmte Aufgaben wie Kochen und Einkaufen nicht delegieren will. Diese Aufgaben machen ihr Spaß und vermitteln ihr »das Gefühl eines Familienlebens«, das sie auf »jeden Fall haben will«.

Welche Ressourcen bringen Manager*innen ein?

Als hilfreiche und auch eingebrachte Kompetenzen nennen Manager*innen im Vergleich zu den anderen Typen deutlich häufiger Organisationskompetenzen. Vorausschauendes Handeln wie Planen und Organisieren sind für Manager*innen notwendige Kompetenzen, um ihre familiale Care-Arbeit für Kinder gut realisieren zu können. Eine ebenso wichtige Kompetenz für Manager*innen ist die persönliche Stabilität. Manager*innen betonen am stärksten von allen Typen die Bedeutung und Wirkmacht ihrer ganzen Person: Neben mentaler Kraft, Lebensfreude, Vorbildlichkeit wird hier insbesondere Resilienz genannt, wie beispielhaft die Subjektkonstruktion von Frau N. zeigt:

> Frau N. bezeichnet sich selbst als eine »krisenfeste, entspannte Macherin mit Organisationsgeschick«. Sie gestaltet ihr Leben innerhalb selbst gesteckter Grenzen. Sie verzettelt sich nicht »in Ideen oder in Möglichkeitsräumen«. Frau N. betont mehrfach, dass sie Situationen, die sie nicht ändern kann, nicht bejammert, wie z.B., dass ihr Mann selten da ist. Frau N. nutzt ihre Zeit, um die »gestaltbaren Dinge ihres eigenen Lebens« zu ändern, so reduziert sie ihre Arbeitszeit so weit bis der »Alltag einigermaßen läuft«. Frau N. sieht

> es als wichtige Kompetenz, dass sie sich nur mit Menschen vergleicht, die es »schlechter« haben als sie. Vor dieser Vergleichsfolie gelingt es ihr meist, ihr Leben positiv zu deuten.

Bemerkenswert mit Blick auf die Kompetenzen ist, dass keine der befragten Manager*innen Schulungen für nötig hält.

Manager*innen nutzen im Vergleich zu den anderen Typen deutlich mehr Arbeitsmittel bei der Versorgung ihrer Kinder. Besonders interessant sind die vielfältigen Arbeitsmittel zur Zeit- und Aufgabenplanung, also zur Unterstützung der gedanklichen Vorwegnahme ihres zukünftigen Handelns, wobei insbesondere auch mobile Planungshilfen zum Einsatz kommen. Die folgende Subjektkonstruktion von Frau N. zeigt, dass mobile Erinnerungslisten neben der alltagsorganisatorischen Funktion auch eine motivierende Funktion haben. Das Löschen der abgearbeiteten Aufgaben löst ein Gefühl von intensiver Befriedigung aus:

> Frau N. nutzt sehr intensiv die Erinnerungslisten auf ihrem Smartphone: »Da schreibe ich alle Dinge auf, die mir einfallen, auch wenn ich auf der Arbeit bin, weil mir sonst viele Sachen durch die Lappen gehen.« Frau N. wäre ohne dieses Arbeitsmittel »aufgeschmissen«. Sie betont die absolute Wichtigkeit ihres Handys für ihre familiale Care-Arbeit: »Mein Handy, das ist echt wichtig, um alles zu organisieren, also ohne Handy würde ich das nicht schaffen, ich wüsste gar nicht, wie man das früher gemacht hat.« Die Erinnerungslisten haben aber nicht nur eine alltagspraktische, sondern auch eine motivationale Funktion. Für Frau N. ist das Löschen der Einträge, wenn die Aufgaben erledigt sind, mit sehr positiven Gefühlen verbunden: »Und das ist auch eine Befriedigung, wenn ich die lösche, das ist so toll.« Frau N. liebt es, etwas geschafft zu haben. Frau N. mag ihren Alltag und generiert viel Lebensfreude daraus, dass er läuft. Aufgabenlisten abhaken bzw. löschen, ist für sie eine große Befriedigung.

Aber auch zur Einflussnahme auf ihre Kinder nutzen Manager*innen viele Arbeitsmittel, und auch Arbeitsmittel, die bei den anderen Typen nicht vorkommen. Einige Manager*innen erarbeiten für ihre Kinder Listen mit Aufgaben, die die Kinder in Abwesenheit der Eltern abarbeiten können und sollen. Damit wird eine über ein Arbeitsmittel vermittelte Einflussnahme auf die Kinder realisiert und die Notwendigkeit der eigenen Anwesenheit relativiert. Es wird quasi ein Elternsubstitut realisiert, wie die Subjektkonstruktion von Frau E. zeigt:

> Frau E. fertigt Listen von Aufgaben für die Kinder an: »Tasche leer machen, Tasche wegpacken, Geschirrspüler prüfen und wenn sauberes Geschirr da ist, leeren, Klavier üben, Gitarre üben und der Große muss dann fünf Vokabeln pro Tag lernen, der Kleine muss dann was aufschreiben, weil die Schrift noch nicht so schön aussieht.« Wenn die Kinder aus der Schule kommen, müssen die Kinder die Aufgabenlisten abarbeiten und entsprechend abhaken, während Frau E. selbst noch auf der Erwerbsarbeit ist. Diese Listen sollen Frau E. in der Zeit, in der die Schule vorbei ist, sie selbst aber noch erwerbsarbeitet, quasi ersetzen. Frau E. erhöht darüber ihre Zeitautonomie, ohne allzu viele Abstriche an den eigenen Ansprüchen machen zu müssen.

Was belastet Manager*innen?

Auch Manager*innen sind hohen Belastungen ausgesetzt durch die Parallelität von Erwerbsarbeit und ihrer familialen Care-Arbeit für ihre Kinder. Grundsätzlich geben sie ihrer Erwerbsarbeit eine zentrale und auch positive Bedeutung in ihrem Leben und sie haben weniger Probleme, Aufgaben zur Versorgung ihrer Kinder zu delegieren als die anderen Typen. Zeit mit ihren Kindern zu verbringen, ist aber auch für Manager*innen wichtig. Neben der Erziehung, die für alle Typen einen der gewichtigsten Belastungsfaktoren darstellt, und Zeitmangel sowie konfliktären Kooperationen, die auch in den anderen Typen mit unterschiedlicher Gewichtung als Belastung genannt werden, belasten speziell Manager*innen unvorhergesehene kritische Situationen. Situationen, deren Bewältigung keinen Aufschub erlauben, und die nicht innerhalb des aufgebauten ausgeklügelten Systems gelöst werden können, wie beispielweise Krankheiten der Kinder, bringen Manager*innen an den Rand ihrer Kräfte und können eine Krise auslösen. Dabei nutzen Manager*innen wegen der hohen Bedeutung ihrer Erwerbsarbeit nicht alle Möglichkeiten der Arbeitsbefreiung, die ihnen rechtlich zustünden. Sie sind davon überzeugt, dass es abweichend von der rechtlichen Sachlage keine Akzeptanz für »Sonderbehandlungen« von Eltern gibt. Die folgende Subjektkonstruktion von Frau N., die den Umgang mit der plötzlichen Erkrankung ihrer Tochter beschreibt, zeigt beispielsweise sowohl die komplette Überforderung als auch die Nichtinanspruchnahme ihrer Rechte:

> Der plötzliche Krankenhausaufenthalt ihrer Tochter bringt Frau N. an ihre Grenzen. Sie pendelt zwischen den beiden Kindern und der Arbeit hin und her: »Ich bin auch wirklich ein Macher, aber da habe ich wirklich eine halbe Stunde gedacht, ich weiß warum die die Notaufnahme ins Erdgeschoss bauen, nämlich damit keine Mütter aus dem Fenster springen.« Trotz der Möglichkeit, Krankentage in Anspruch zu nehmen, übernimmt Sie ihren ärztlichen Wochenenddienst, weil es sonst »gegen die Kollegen geht«, weil es ein »No-Go ist, den abzusagen, wenn man nicht selbst im Krankenhaus liegt«. Sie will keine »Kollegensau« sein und sagt, dass die Wochenenddienste »so ein bisschen den Eid« berühren. Am Wochenende sind dann ihre Eltern von außerhalb gekommen und haben auf die Kinder aufgepasst. Ihren Mann erwähnt Frau N. nicht bei der Bewältigung dieser Ausnahmesituation. Frau N. empfindet es als sehr belastend, dass man Müttern in der Erwerbsarbeit Inflexibilität vorwirft. Sie betont, dass das ja nur für eine kurze Zeit stimmt, und man schon nach 5 Jahren wieder flexibler ist.

Wann erleben Manager*innen ihr Tätigsein für ihre Kinder eher als Arbeit und wann eher als Nicht-Arbeit?

Manager*innen empfinden einen weitaus größeren Anteil am Tun für ihre Kinder und mit ihnen als Arbeit als Gemeinschaftsgestalter*innen. Der zentrale Unterschied zwischen gefühlter Arbeit und Nicht-Arbeit liegt für Manager*innen in der eigenen Verfassung, in der sie sich befinden. Wenn sie kaputt sind, kann gefühlsmäßig alles zur Arbeit werden, wenn sie ausgeruht sind, können aber auch »eigentliche Arbeitstätigkeiten« wie »Abwaschen und Wäschewaschen« Spaß machen und damit als Nicht-Arbeit erlebt und empfunden werden. Im Unterschied zu den anderen Typen empfindet aber ein Teil der Manager*innen auch fast das gesamte Tun für Kinder und mit ihnen als Arbeit, wie die Subjektkonstruktion von Frau E. beispielhaft zeigt:

> Frau E. empfindet ihr Handeln für ihre Kinder und mit ihnen fast ausschließlich als Arbeit: »Ja, bis sie ins Bett gehen, ist eigentlich alles Arbeit, weil man denn wirklich nur beim Abhaken von Sachen ist: Hast du Mittag gegessen, also Abendessen, Hausaufgaben, was muss für morgen eingepackt werden, was ist morgen zu erledigen, da müssen wir zum Zahnarzt, Zahnarzt-Termin machen und so weiter, es ist doch recht viel zu organisieren und zu machen.« Der Gegenbegriff zu Arbeit ist für Frau E. Spaß. Und Spaß hat Frau E. mit ihren Kindern, »wenn wir rumtollen, kuscheln, wenn wir zusammen was an-

schauen, das ist dann Spaß.« Frau E. betont, dass dafür aber selten Zeit ist, weil ihre Halbtagsstelle und ihre Arbeitstätigkeiten für ihre Kinder keine Zeit übrig lassen.

Wie bewerten Manager*innen ihr Leben mit ihren Kindern?

Manager*innen bewerten ihr Leben mit Kindern überwiegend positiv, aber im Durchschnitt weniger positiv als Gemeinschaftsgestalter*innen. Sie bewerten ihr Leben mit Kindern am häufigsten als ein bereicherndes, aber auch entgangenes Leben. Im Unterschied zu den Gemeinschaftsgestalter*innen sehen sie ihre Kinder nicht als zentralen Faktor ihrer persönlichen Weiterentwicklung. Sie fühlen sich durch ihre Kinder zwar bereichert, aber zugleich auch in der Erwerbsarbeitssphäre eingeschränkt, was sie negativ bewerten. Manager*innen vergleichen sich mehr mit den beruflichen Möglichkeiten von erwerbsarbeitenden Menschen ohne Kinder als die anderen Typen. Das entgangene berufliche Leben wirkt als Vergleichsfolie, vor der das jetzige Leben bewertet wird. Dies führt zu Enttäuschungen. Dabei spielt auch das entgangene Einkommen eine Rolle. Manager*innen wünschten sich, dass es diese beruflichen Einschränkungen nicht gäbe. Für ein Leben mit Kindern nehmen sie diese Einschränkungen aber bewusst und notgedrungen in Kauf, wie die Subjektkonstruktion von Frau E. beispielsweise zeigt:

> Frau E. bewertet ihr Leben mit Kindern bereichernd, aber auch als in Teilen entgangenes Leben. Frau E. fühlt sich durch die Versorgung ihrer Kinder in eine Rolle des Aufopferns manövriert, was sie allerdings vorher wusste, wie sie betont, also »bewusst in Kauf genommen hat«. Bewusst in Kauf genommen hat sie den Verzicht auf ein Leben, was sie ohne Kinder hätte führen können. Frau E. spricht vom »entgangenen Leben«. Frau E. ist sich ganz sicher, dass sie beruflich »ganz woanders wäre«, wäre sie nicht Mutter.

Wie sind die sozio-ökonomischen Rahmenbedingungen von Manager*innen?

In diesem Typ befinden sich sechs Personen: fünf Mütter, die alle die Hauptversorgung ihrer Kinder übernehmen und ein Vater, der seine Kinder zusätzlich zur Hauptversorgung durch seine Ehefrau (neben)versorgt. Die Anzahl der Kinder variiert zwischen einem bis drei Kindern, wobei bei dem Vater noch ein weiteres Kind bei seiner Ex-Frau lebt. Auffällig ist, dass Manger*innen mehrheitlich ökonomisch gut situiert leben. Drei der Mütter und der Vater leben im ökonomisierten Reproduktionsmodell. Eine Mutter lebt im paarzentrierten und eine Mutter im prekären Reproduktionsmodell (siehe Tabelle 10).

*Tabelle 10: Die Manager*innen im Überblick*

Anonymisierter Name	Reproduktions-modell	Geschlecht: Alter	Umfang: Care-Arbeit*; Institutionelle Versorgung**	Umfang Erwerbsarbeit	Alter der Kinder (Kinder, die nicht im Haushalt leben)
Frau W.	ökonomisiert	w: 29	H; Kita, TM: jeweils 7h	75 %-Stelle	1, 3
Frau N.	ökonomisiert	w: 30	H; Kita: 10h	70 %-Stelle	2, 6
Frau L.	ökonomisiert	w: 34	H; Kita: 8h	60 %-Stelle	2
Herr B.	ökonomisiert	m: 36	N; Kita: 6h	Vollzeit-Stelle	3 (9)
Frau E.	paarzentriert	w: 31	H; Kita: 8h, Ganz-tags-schule	50 %-Stelle	1, 9, 12
Frau R.	prekär	w: 50	A; Schule	50 %-Stelle	13, 15

Legende:
*H = übernimmt die Hauptversorgung der Kinder; N = übernimmt eine Nebenversorgung der Kinder, d.h. es gibt noch einen hauptversorgenden Elternteil; A = ist alleinerziehend
** Aufgeführt sind: Kita = Kindertagesstätte, TM = Tagesmutter, Schule bzw. Ganztagsschule. Andere Kooperationspartner*innen sind an dieser Stelle nicht aufgeführt.

Der Stellenwert der Erwerbsarbeit ist bei den Manager*innen deutlich höher als bei den Gemeinschaftsgestalter*innen. Alle Eltern in diesem Typ erwerbsarbeiten, wobei bemerkenswert ist, dass alle hauptversorgenden Eltern, d.h. hier alle Mütter, in irgendeiner Form reduziert arbeiten, sie erwerbsarbeiten auf 50 %- bis 75 %-Stellen. Nur der Vater mit einer Partnerin, die die Hauptversorgung der Kinder übernimmt, erwerbsarbeitet in Vollzeit. Auf fällt auch, dass nur eine Managerin alleinerziehend ist, und alle anderen in Partnerschaften leben.

Festgehalten werden kann, dass Manger*innen im Vergleich zu Gemeinschaftsgestalter*innen erstens in deutlich besseren sozio-ökonomischen Verhältnissen leben, zweitens der Erwerbsarbeit einen deutlich höheren Stellenwert zuweisen und drittens deutlich öfter in Partnerschaften leben.

7.3 Die Tagesbezwinger*innen

Tagesbezwinger*innen[9] erleben in ihrem Alltag tagtäglich mangelnde Selbstwirksamkeit ihren Kindern gegenüber. Dauerhaft widerständiges Verhalten der Kinder, teilweise auch diagnostizierte Verhaltensauffälligkeiten stehen im Vordergrund der Wahrnehmung ihrer familialen Care-Arbeit für ihre Kinder. Tagesbezwinger*innen leiden sehr unter ihrer mangelnden Einflussnahme auf ihre Kinder und sind sehr unzufrieden mit der Gesamtsituation. Auf die Frage, was ein gutes Leben mit Kindern ausmacht, antwortet die Mehrheit der Tagesbezwinger*innen, dass ein gutes Miteinander das Wichtigste sei. Davon sind sie allerdings weit entfernt. Ihr Kernsatz lautet: »Mehr als schauen, was gerade geht, ist nicht möglich.« Von schwierigen Interaktionen mit den Kindern oder auch schwierigen Phasen (Trotzphase, Pubertät) erzählen auch die anderen Typen. Tagesbezwinger*innen nehmen die Schwierigkeiten aber als Zustand wahr und nicht mehr als Ab-und-zu-Situation oder als Phase. Nicht alle von ihnen schaffen es, eine gute Beziehung zu den Kindern aufrechtzuerhalten. Die familiale Care-Arbeit übersteigt ihre mentalen und emotionalen Kräfte, und es gelingt weder, ein ihren Vorstellungen entsprechendes Miteinander noch ein vorausschauendes Leben mit den Kindern zu leben. Sie schauen täglich, was geht. Mehr ist oft nicht möglich. Tagesbezwinger*innen erzählen von einem enormen Aufwand und eigentlich gar nicht leistbarer Arbeit. Tagesbezwinger*innen realisieren aufwendige, aber meist erfolglose Arbeitshandlungen, um auf ihre Kinder einzuwirken. Daraus resultiert ein Care-Handeln unter großer Anstrengung und hoher Unsicherheit. Der Alltag in der Familie folgt nicht der Idee von einem Zusammenleben, die man einmal hatte.

Welche zentralen Handlungsstrategien realisieren Tagesbezwinger*innen?

Die Tage von Tagesbezwinger*innen haben eine Eigendynamik entwickelt, die den vielen Dingen geschuldet sind, die man nicht in die gewünschte Richtung lenken konnte und kann. An die Stelle von Vorausschau und Gewohnheit

9 In diesem Typ befinden sich drei Personen: eine in Teilzeit erwerbsarbeitende Mutter, die in einer Patchworkfamilie lebt und die Hauptversorgerin ihrer Kinder ist; eine alleinerziehende, erwerbsarbeitssuchende Mutter; ein überstündig erwerbsarbeitender Vater, dem die Nebenversorgung seiner Kinder obliegt (siehe Tabelle 11).

tritt die Augenblickslaune. Die realisierte Zeitstrukturierung ist situativ-reaktiv. Die folgende Subjektkonstruktion von Herrn D.[10] zeigt beispielhaft, dass nur noch ein Fahren-auf-Sicht bleibt, also eher ein Krisenmodus:

> Herr D. bewertet sein derzeitiges Leben »als unbefriedigend und total anstrengend«. Sein »verhaltensauffälliger Sohn« verlangt »eine ungeheure Konzentration [...], die eigentlich gar nicht leistbar ist«. Herr D. versucht seit Jahren, einen Weg zu finden, auf seinen Sohn einzuwirken. Die Interaktionen zwischen Herrn D. und seinem Sohn sind sehr anstrengend und situativ, »ein echter Kampf«. Seine ursprünglich vorhandenen Faustregeln haben im Alltag nicht funktioniert, und er konnte auch keine neuen entwickeln. Es fehlte ihm vor allem auch die Zeit, nach dem richtigen Weg zu suchen, denn er verbringt die meiste Zeit auf der Erwerbsarbeit und sieht seine Kinder in der Woche vorwiegend während der Aufsteh- und Zubettgeh-Routine. Also zu Zeiten, in denen die Suche nach einem eigenen Weg unmöglich ist. Herrn D. ist der Kompass abhandengekommen. Er agiert und reagiert in der Situation, guckt was geht, versucht Schaden zu begrenzen und Erträglichkeit herzustellen. Nicht nur seine Faustregeln hat Herr D. verloren, sondern auch seine Kompetenz, ruhig und gelassen zu sein.

Der Alltag mit den Kindern ist bei Tagesbezwinger*innen geprägt von ihrer ungenügenden Einflussnahme auf ihre Kinder. Interaktionsformen des Kampfes oder der Resignation sind üblich. Während Herr D. – wie in der Subjektkonstruktion oben beschrieben – auf seinen Sohn mit Unsicherheit und Kampf reagiert, reagiert Frau F. auf die »totale Kooperationsunwilligkeit« ihrer Töchter mit Resignation. Die Subjektkonstruktion von Frau F. zeigt, wie sehr sie sich durch die »Kooperationsunwilligkeit« ihrer Töchter »genutzt« fühlt, und wie sehr sie »enttäuscht« ist vom Familienleben:

> Frau F. erzählt von der Kooperationsunwilligkeit ihrer beiden »großen Töchter«. Die Töchter beteiligen sich weder am Familienleben noch an den Familienaufgaben. Frau F. erwartet nichts mehr von den Töchtern und um sich nicht »ständig aufzureiben«, erledigt sie sämtliche Hausarbeiten selbst. Ihrer Ansicht nach stehen ihr keine fairen Mittel zur Verfügung, um auf ihre Töchter einzuwirken. Sie spricht davon, dass Jugendliche heutzutage asozial

10 Herr D. arbeitet überstündig und lebt in Ehe mit der Hauptversorgerin seiner drei Kinder.

> ihren Eltern gegenüber sind. Dies findet sie einerseits problematisch für die gegenwärtige Familiensituation, aber auch problematisch für die Zukunft ihrer Töchter, weil diese weder Anstrengungsbereitschaft noch Verzicht gelernt haben. Als die Kinder kleiner waren, hatte Frau F. das Gefühl einer ausgewogenen Balance zwischen Arbeit und Freude, weil es viele gemeinsame Unternehmungen gab. Heute ist diese Balance nicht mehr gegeben und sie urteilt, dass sie nur noch »genutzt« wird und es ansonsten kein gemeinsames Leben mehr gibt. Das findet Frau F. »traurig und erschreckend«.

Der Umgang mit Kooperationen mit unterstützenden Institutionen und Personen von Tagesbezwinger*innen ähnelt dem der Gemeinschaftsgestalter*innen. Tagesbezwinger*innen haben meist kein komplexes Kooperationssystem zur Betreuung ihrer Kinder realisiert, d.h. ihr Kooperationsgrad ist meist niedrig. In der Regel sind keine weiteren Unterstützer als Kindertagesstätte, Schule und der andere Elternteil beteiligt. Dieser niedrige Kooperationsgrad entspringt bei ihnen aber nicht unbedingt der eigenen Überzeugung wie bei den Gemeinschaftsgestalter*innen, sondern eher der Enttäuschung mit vergangenen Kooperationen. Viele blicken auf konfliktäre Kooperationen insbesondere auch mit Beratungs- und therapeutischen Einrichtungen zurück und haben den Glauben daran verloren, dass sie konstruktive Unterstützer finden, um ihre Kinder auf den richtigen Weg zu bringen. Aber auch andere Kooperationen sind vielfach konfliktär: Insbesondere zu getrennt lebenden Elternteilen, wenn die Eltern nicht »an einem Strang« ziehen und der überwiegend abwesende Elternteil weniger streng agiert als der/die Hauptversorger*in. Ängste, die Zuneigung der Kinder an den anderen Elternteil zu verlieren, sind dann groß, wie die Subjektkonstruktion von Frau V.[11] zeigt:

> Frau V. hat sehr »lebendige« Kinder, die »schwer zu bändigen« sind und muss eine sehr schwierige Kooperation mit ihrem Expartner und Vater ihrer Kinder gestalten. Die Kooperation ist notwendig, da Frau V. einerseits zur Kooperation verpflichtet ist, sie andererseits die Kooperation aber auch selbst wichtig findet, weil »er die Kinder sehen muss und die Kinder ihn sehen müssen«, da die »Kinder total an ihrem Vater hängen«. Sehr problematisch findet Frau V., dass der Vater, »immer das Gegenteil von dem macht«, was sie sagt. Die Kinder bekommen beim Vater – im Gegensatz zu ihr, die versucht streng zu

11 Frau V. ist derzeit erwerbsarbeitssuchend und erzieht ihre beiden Kinder allein.

sein – alles was sie wollen. Frau V. findet es einerseits wichtig, dass Kinder mit Strenge erzogen werden, andererseits sollen sie aber auch glücklich sein. Die Kooperation mit dem Vater ihrer Kinder belastet Frau V. zweifach: Zum einen beteiligt er sich nicht an der Erziehung, sondern im Gegenteil konterkariert diese, und zum anderen produziert er eine für Frau V. bedrohliche Konkurrenzsituation um die Zuwendung der Kinder.

Welche persönlichen Ressourcen bringen Tagesbezwinger*innen ein?

Tagesbezwinger*innen benennen absolut, also bezogen auf die Anzahl der Nennungen, deutlich weniger Kompetenzen als die anderen Typen. Dies liegt sicherlich daran, dass sie wegen ihrer mangelnden Selbstwirksamkeit ihren Kindern gegenüber sehr verunsichert sind. Relativ, also bezogen auf das Verhältnis der von ihnen genannten Kompetenzarten, nennen sie ebenso wie die Manager*innen am häufigsten die persönliche Stabilität als wichtige Kompetenz. Hier stehen die mentale Kraft und die Vorbildlichkeit im Zentrum. Die Überzeugung der langfristigen Wirkung der eigenen Lebensweise auf die Kinder bedeutet für einige eine gewisse Entlastung. Sie wissen aus ihrem eigenen Leben, dass Dinge von Eltern übernommen werden, gegen die man sich einst als Kind oder Jugendlicher verschlossen hat. Dadurch haben sie die Hoffnung, dass aus ihren Kindern doch noch etwas wird, obwohl sie im Alltag oft Situationen erleben, die Anlass zu Sorgen um die Zukunftsfähigkeit ihrer Kinder geben. So entlastend diese Überzeugung sein kann, wenn die eigene Lebensführung aus subjektiver Sicht als Vorbild taugt, so belastend wird diese Überzeugung, wenn man sich selbst nicht als Vorbild sieht. Wenn eine ungenügende Einflussnahme auf das Kind und eine in den eigenen Augen nicht vorbildliche Lebenslage bzw. Lebensführung zusammen auftreten, ist gute Elternschaft kaum realisierbar. Die Belastung ist so groß, dass teilweise mit emotional hoch belastenden Handlungen auf nicht vorbildhafte Aspekte des eigenen Lebens reagiert wird. So reagiert Frau V. mit einer Notlüge, wie die folgende Subjektkonstruktion zeigt:

> Als Frau V. noch gearbeitet hat, hatte sie das Gefühl, sie gefährde ihre »lebhaften Kinder«, weil sie »kraftlos war und 'rumgeschrien hat«. Frau V. betont, dass sie alleinerziehend ist und es einfach nicht geschafft hat, beides zu leisten. Auf der anderen Seite will Frau V. auf jeden Fall, dass ihre Kinder das richtige Vorbild, d.h. für Frau V. eine erwerbstätige Mutter, haben. Dass sie momentan keine Erwerbsarbeit hat, sag Frau V. ihren Kindern nicht, denn

»dann wäre [sie] kein gutes Vorbild«. Frau V. ist es sehr wichtig, dass es für ihre Kinder »eine Selbstverständlichkeit ist, zu arbeiten«. Frau V. erlebt in ihrem Leben mit Kindern, dass es »eigentlich weder mit Erwerbsarbeit, noch ohne Erwerbsarbeit geht«. Frau V. sucht jetzt eine Erwerbsarbeit, die genau passt: zeitlich und bezüglich des Anstrengungsgrads, was ihr aber bis jetzt noch nicht gelungen ist.

Sehr auffällig ist, dass sich alle Tagesbezwinger*innen Schulungen wünschen, aber mit dem derzeitigen Angebot sehr unzufrieden sind.

Tagesbezwinger*innen nutzen deutlich weniger Arbeitsmittel zur Einflussnahme auf die Kinder als die anderen Typen. Teilweise wurden Arbeitsmittel ausprobiert, aber wieder verworfen. Standards und Vorausschau haben sich nicht bewährt. Im Bereich Erreichbarkeit und Mobilität fällt die hohe Bedeutung des Autos auf. Das Auto wurde auch erwähnt, wenn keins zur Verfügung stand, nämlich als schmerzlich vermisstes Arbeitsmittel, um dem öffentlichen Raum zu entkommen. Die öffentliche Sichtbarkeit von Situationen, in denen Tagesbezwinger*innen ihre Kinder »bändigen« müssen, wird als emotional sehr belastend empfunden. Ganz besonders belastend beschreibt eine Mutter mit Migrationshintergrund ihre Fahrten mit ihren »lebendigen« Kindern in öffentlichen Verkehrsmitteln. Sie erzählt in diesem Zusammenhang sehr betroffen, dass sie sich seit sie eigene Kinder hat, als Ausländerin fühlt, und es dieses Gefühl in ihrem früheren Leben ohne Kinder nicht gab. Die entsprechenden Blicke von anderen Fahrgästen, wenn ihre Kinder zu laut sind, vermitteln ihr dieses Gefühl. Von daher ist zu vermuten, dass für Eltern mit einer prekären gesellschaftlichen Zugehörigkeit die öffentliche Sichtbarkeit konfliktärer Interaktionen mit ihren Kindern noch belastender ist, als für alle anderen Eltern. Situationen, die eine positive Selbstdarstellung verhindern, können quasi das Bewusstsein der eigenen prekären gesellschaftlichen Zugehörigkeit schärfen oder sogar erst wecken, wie die Subjektkonstruktion von Frau V. beispielhaft zeigt:

Frau V. fühlt sich, seit sie Kinder hat, als Ausländerin und denkt, dass sie anders behandelt werden würde, wenn sie »blonde Haare« hätte. Bevor Frau V. Kinder hatte, fühlte sie sich nicht als Ausländerin markiert. Der Unterschied liegt für Frau V. darin, dass sie früher unsichtbar war, durch die Kinder heute aber sichtbar geworden ist. Die Sichtbarkeit begründet Frau V. mit ihren lauten Kindern und ihrer neuen zeitlichen Inflexibilität auf dem Arbeitsmarkt.

> Beim Busfahren mit ihren »lauten« Kindern fühlt sich Frau V. als »asoziale Ausländerin« angeschaut. Sie vermisst ein Auto zum Umgehen des öffentlichen Verkehrssystems. Auch von ihrer früheren Arbeitsvermittlerin fühlt sie sich als »asoziale Ausländerin« angeschaut, weil sie nicht jede Arbeit annehmen kann und will.

Auch Tagesbezwinger*innen bekommen in Teilen Anerkennung und nutzen weitere Kraftquellen zur Aufrechterhaltung ihrer Handlungsfähigkeit. Der wichtigste Anerkennungsgeber ist die erweiterte Familie, gefolgt von Freund*innen, Kolleg*innen und dem Partner. Auch wenn die eigene Person als Anerkennungsgeber nur selten genannt wird, so kommt sie doch vor, als eine Art Überlebensstrategie, wie die Subjektkonstruktion von Frau F. zeigt:

> Frau F. hat einige Krisen in ihrem Leben handhaben müssen: finanzieller Abstieg, kein ausreichender Verdienst im erlernten Beruf, weswegen sie in einem anderen Bereich arbeitet, die aufwendige Legasthenie-Therapie für eine Tochter war erfolglos, von ihren beiden Töchtern fühlt sie sich »nur noch genutzt«. Anerkennung bekommt Frau F. von ihrer Mutter und teilweise von ihrem Lebensgefährten. Ansonsten hat sie sich »um zu überleben« zu »ihrem eigenen Beurteiler und Bewerter« gemacht. Damit sie nicht zu viel zweifelt, was ihre Handlungsfähigkeit beeinträchtigen würde, hat Frau F. »die Strategie entwickelt, grundsätzlich sehr überzeugt zu sein« von dem, was sie tut. Gleichzeitig lässt sich Frau F. eine Hintertür für Un-Perfektionismus offen, indem sie sich sagt, dass sie ja auch nur ein Mensch ist und nur versuchen kann, »alles so gut zu machen, wie es in ihrer Macht steht«.

Besonders in diesem Typ wird Anerkennung aber auch ambivalent gesehen und teilweise als Mitleid aufgefasst. So betont beispielsweise eine Mutter, dass sie vor allem Anerkennung bekommt, wenn andere sehen, wie hektisch sie ist. Sie fühlt sich durch diese Form der Anerkennung nicht gestärkt, sondern eher geschwächt. Für diese Tagesbezwingerin schwingt Mitleid in dieser Art der Anerkennung mit, eine Form der Anerkennung, die ihre Überforderung unangenehm sichtbar macht. Wichtige weitere Kraftquellen von Tagesbezwinger*innen sind Gespräche mit der Familie und/oder Freund*innen. Aber auch der Umgang mit Tieren ist eine wichtige Kraftquelle für Tagesbezwinger*innen, deutlich wichtiger als bei den anderen Typen.

Was belastet Tagesbezwinger*innen?

Der zentrale Belastungsfaktor von Tagesbezwinger*innen ist die mangelnde Einflussnahme auf ihre Kinder, also der Bereich der Erziehung. Das Leben mit ihren Kindern übersteigt ihre Kräfte, und sie können kein Leben realisieren, das ihren Vorstellungen eines guten familialen Miteinanders entspricht. Tagesbezwinger*innen vermissen Zeit und mentale Kraft für ihre Kinder. Manche sind der Überzeugung, dass es mit genug Zeit und mentaler Kraft möglich wäre, einen Weg zu finden, Einfluss auf die Kinder zu nehmen, doch zeitliche und mentale Belastungen durch Erwerbarbeit verhindern dies, wie die Subjektkonstruktion von Herrn D. beispielsweise zeigt:

> Zeit, einen Weg mit seinem »verhaltensauffälligen Sohn« zu finden, hat Herr D. nicht. Er arbeitet ca. 50 Stunden in der Woche und sieht seine Kinder in der Woche überwiegend in einer »Druckphase«, in getakteten Rushhour-Zeiten, in denen die Kinder essen und für die nächste Phase (Schule, Kindertagesstätte, Bett) fertiggemacht werden. Abends sind seine »Konzentration und überhaupt die Kraft« durch die Erwerbsarbeit schon »am Ende«, so dass ihm die nötige mentale Präsenz für seine Kinder und insbesondere für seinen »verhaltensauffälligen Sohn« fehlt. Er vermisst unverplante Zeit mit seinen Kindern, in der man »die Dinge dann so laufen lassen kann«. Er stellt fest, dass er »ohne Zeit und Konzentration« nach dem richtigen Weg im Umgang mit seinem Sohn suchen muss, ein für ihn zum Scheitern verurteiltes Unterfangen.

Ein Teil der Tagesbezwinger*innen vermisst gesellschaftliche Rollenbilder, die den elterlichen Einfluss stützen. Sie sehen die derzeitigen Rollenbilder einseitig auf eine Geberrolle für Eltern und eine Empfängerrolle für Kinder fokussiert und kritisieren diese als nicht förderlich für ein gutes familiales Miteinander, wie die folgende Subjektkonstruktion von Frau F.[12] zeigt:

> Frau F. verbindet mit ihrer Mutterrolle sehr viel individuelle Verantwortung. Sie wünscht sich für ältere Kinder eine größere Mitverantwortung für das Gelingen des Familienalltags, betont aber gleichzeitig, dass sie kein Recht darauf hat: »Man hat die Kinder ja nicht gefragt, ob sie zur Welt kommen

---

12 Frau F. arbeitet in Teilzeit auf einer 70 %-Stelle und versorgt ihre beiden Töchter hauptverantwortlich. Sie lebt in einer Patchwork-Gemeinschaft mit dem Vater ihrer Kinder, dessen neuer Partnerin und ihrem neuen Partner.

möchten. Man hat sie geboren und somit denke ich, hat man ja auch die Verantwortung, alles zu machen, bis die aus dem Haus gehen. Und das war wahrscheinlich auch der Grund, warum ich nie dann so darauf bestanden habe oder das durchgezogen habe, dass sie im Haushalt was tun.« Frau F. fügt sich in ihre Mutterrolle mit einem hohen Grad an Selbstdisziplinierung und Arbeit an ihren eigenen Gefühlen; sie entwickelt eine Haltung des Ertragens: »Die Jahre muss man einfach überleben, irgendwie«. Frau F. hat sich daran gewöhnt, dass sie ihre eigenen Gefühle nicht so wichtig nimmt, sondern »da einfach zu funktionieren hat«. Sie kämpft nicht mehr für eine Mitarbeit ihrer Töchter im Haushalt, sondern akzeptiert resigniert deren »komplette Kooperationsunwilligkeit«. Sie entwickelt die Haltung: »Was soll's, dann mach ich es eben«. Das Einfordern von Mitarbeit wäre für sie emotional noch aufwendiger als das Selbstmachen. Frau F. wünscht sich eine andere Kinderrolle in unserer Gesellschaft: Sie spricht davon, dass viele Kinder sich geradezu »asozial« ihren Eltern gegenüber verhalten.

Wann erleben Tagesbezwinger*innen ihr Tätigsein für ihre Kinder eher als Arbeit und wann eher als Nicht-Arbeit?

Für Tagesbezwinger*innen liegt der entscheidende Unterschied zwischen gefühlter Arbeit und Nicht-Arbeit im Grad an Gemeinschaft, unter dem die Tätigkeit stattfindet. Tätigkeiten in Gemeinschaft werden von den Tagesbezwinger*innen ausnahmslos als Nicht-Arbeit erlebt, diese kommen jedoch nicht häufig vor. Gemeinschaft heißt hier vor allem nicht gegen Widerstände und Nichtwollen der Kinder agieren zu müssen. Gemeinschaft als Trennlinie zwischen gefühlter Arbeit und Nicht-Arbeit gibt es auch bei den Gemeinschaftsgestalter*innen, aber nicht so ausschließlich wie in diesem Typ. Zu beachten ist, dass das Erleben von Gemeinschaft bei Gemeinschaftsgestalter*innen im Alltag verankert ist, während es für Tagesbezwinger*innen die Ausnahme bleibt.

Wie bewerten Tagesbezwinger*innen ihr Leben mit ihren Kindern?

Tagesbezwinger*innen bewerten ihr Leben mit ihren Kindern überwiegend als ein sehr anstrengendes und belastendes Leben. Widerstand und mangelnde Selbstwirksamkeit sind zentrale Begriffe dieses Typs. Ein Miteinander, wie man es sich vorgestellt hat, ist nicht realisierbar, ebenso wenig Vorausschau. Ein anstrengendes Fahren-auf-Sicht wird zum zentralen Handlungsmodus. Einst bestehende Handlungsprinzipien und Faustregeln, deren hohe Bedeutung für interaktive Arbeit vielfach betont wird, haben sich im Alltag nicht bewährt. Handlungsunsicherheit prägt den Alltag. Die meisten der Tagesbezwinger*innen haben nicht das Gefühl, dass sie sich durch ihre Kinder weiterentwickeln, sondern im Gegenteil, sie erzählen von negativen Rückwirkungen auf die eigene Person.

Wie sind die sozio-ökonomischen Rahmenbedingungen von Tagesbezwinger*innen?

In diesem Typ befinden sich drei Personen: zwei Mütter, die die Hauptversorgung ihrer Kinder übernehmen und ein Vater, der seine Kinder zusätzlich zur Hauptversorgung seiner Ehefrau (neben)versorgt. Die Anzahl der Kinder variiert zwischen zwei und drei Kindern. Tagesbezwinger*innen sind keinen speziellen Reproduktionsmodellen zuzuordnen, sondern sie leben unter unterschiedlichen sozio-ökonomischen Rahmenbedingungen. Die eine tagesbezwingende Mutter lebt in einem paarzentrierten, die andere in einem subsistenzorientierten und der nebenversorgende Vater in einem ökonomisierten Reproduktionsmodell (siehe Tabelle 11).

*Tabelle 11: Die Tagesbezwinger*innen im Überblick*

Anonymisierter Name	Reproduktionsmodell	Geschlecht: Alter	Umfang: Care-Arbeit*; Institutionelle Versorgung**	Umfang Erwerbsarbeit	Alter der Kinder (Kinder, die nicht im Haushalt leben)
Frau V.	subsistenzorientiert	w: 29	A; Kita: 8h	arbeitsuchend	3, 5
Frau F.	paarzentriert	w: 48	H; Schule	70 %-Stelle	12, 17, 21
Herr D.	ökonomisiert	m: 40	N; TM, Kita, Schule: jeweils 8h	Vollzeit-Stelle mit Überstunden	2, 4, 12

Legende:
*H = übernimmt die Hauptversorgung der Kinder; N = übernimmt eine Nebenversorgung der Kinder, d.h. es gibt noch einen hauptversorgenden Elternteil; A = ist alleinerziehend
** Aufgeführt sind: Kita = Kindertagesstätte, TM = Tagesmutter, Schule bzw. Ganztagsschule. Andere Kooperationspartner*innen sind an dieser Stelle nicht aufgeführt.

Auch der Umfang der Erwerbsarbeit ist sehr unterschiedlich. Von den hauptversorgenden Müttern arbeitet eine Mutter auf einer 70 %-Stelle und die alleinerziehende Mutter ist arbeitssuchend. Der nebenversorgende Vater in diesem Typ arbeitet in Vollzeit mit Überstunden und unterscheidet sich somit im Hinblick auf seine Erwerbsarbeit nicht von den Vätern der anderen Typen. Der Anteil an Alleinerziehenden scheint ebenso wenig charakteristisch zu sein. Von den drei Vertreter*innen dieses Typs ist eine alleinerziehend. Dass Tagesbezwinger*innen eher Reproduktionsmodell-übergreifend auftreten, heißt aber nicht, dass es keine Unterschiede in den Leben der hier vertretenen Eltern gibt. Das Leben in einem ökonomisierten Reproduktionsmodell ist sicherlich auch als Tagesbezwinger*in ein anderes als das tagesbezwingende Leben in einem subsistenzorientierten Reproduktionsmodell. Neben den sozio-ökonomischen Rahmenbedingungen unterscheiden sich Tagesbezwinger*innen untereinander vor allem auch in der Selbstwahrnehmung der eigenen Vorbildlichkeit (zur entlastenden Bedeutung einer subjektiv empfundenen Vorbildlichkeit siehe Kapitel 6.3.1). Trotz dieser Unterschiede innerhalb des Typs ist aber im alltäglichen Handeln die empfundene Selbstunwirksamkeit so zentral, dass diese die grundsätzliche Art und Weise des Care-Handelns bestimmt.

Festzuhalten ist, dass es im Unterschied zu den Gemeinschaftsgestalter*innen und Manager*innen keine Häufungen in einem bestimmten Reproduktionsmodell und keine charakteristische Bedeutung der Erwerbsarbeit gibt, und dass weder besonders viele noch besonders wenige Alleinerziehende in diesem Typ vertreten sind. Gemeinsam ist allen Tagesbezwinger*innen der hohe Aufmerksamkeitsbedarf ihrer Kinder und das hohe Maß an erfahrener Selbstunwirksamkeit.

7.4 Zwischenfazit: Was sind die zentralen Unterschiede zwischen den Care-Typen?

Der Vergleich der drei Care-Typen von Eltern geht zunächst auf die grundlegenden Perspektiven der typenspezifischen Arbeitsweisen ein. Daran anschließend wird der Vergleich entlang der Dimensionen des Arbeitshandelns vertieft.

Die drei Typen unterscheiden sich in grundlegenden Perspektiven: Je nach Typ sind die Begriffe Gemeinschaft, arbeitsteilige Aufgabenorientierung oder Selbstunwirksamkeit zentral. Der Begriff der Gemeinschaft ist der zentrale Begriff der Gemeinschaftsgestalter*innen. Kinder zu haben, wird von Gemeinschaftsgestalter*innen nicht mit Arbeit gleichgesetzt, sondern als unverzichtbarer Teil des Lebens angesehen, der zwar auch Arbeit, aber vor allem ein Leben in Gemeinschaft mit sich bringt. Erwartet werden eine gewisse Reziprozität, ein gegenseitiges Geben und Nehmen: Man gibt Liebe und Arbeit, und man bekommt etwas zurück, nämlich Gemeinschaft. Und zwar möglichst ein Leben lang. Für das Erleben von Gemeinschaft ist das gemeinsame Verbringen von zweck- und vor allem auch abstimmungsfreier Zeit sehr wichtig. Gemeinschaft erleben Gemeinschaftsgestalter*innen in Zeiten des einvernehmlichen Beisammenseins, d.h. in Zeiten der Einstimmung, in denen keine größeren Ansprachen und Absprachen gemacht werden (müssen). Es gibt entweder kein Ziel, oder aber der Weg zum Ziel ist allen so klar, dass man als eingespieltes Team agieren kann, ohne Reflexionen und Absprachen und ohne gedankliche Vorwegnahmen zukünftigen Handelns. In Anlehnung an den Flow-Begriff kann man diesen Zustand als kollektiven Flow bezeichnen: Einen Zustand, in dem sich die Grenzen zwischen Menschen verwischen, und Menschen in einem gemeinsamen Handlungsstrom schwimmen, der nicht durch Reflexionen und Absprachen unterbrochen wird. Der Begriff der arbeitsteiligen Aufgabenorientierung ist der zentrale Begriff der Manager*innen: Planung, Organisation und komplexe Arbeitsteilung prägen das Leben mit ihren Kindern. Manager*innen finden es wichtig und tun alles dafür, einerseits ein Familienleben zu realisieren, und gleichzeitig die Einschränkungen in der Erwerbsarbeit, die sie bewusst, aber notgedrungen hinnehmen, zu begrenzen. Mit viel Vorausschau planen sie ihren Alltag und sind bereit, Teile der Familienaufgaben an Dritte abzugeben. Dabei stellen sie sich aber immer auch die Frage, was für sie Familie ausmacht und setzen entsprechende Grenzen der Delegation, damit Familie für sie erlebbar bleibt. Das Erleben von Gemeinschaft, das für die Gemeinschaftsgestalter*innen im Zentrum ihres Lebens steht, ist zwar auch wichtig, aber weniger zentral. Das Leben mit Kindern nimmt Züge eines Projektes an, denn Manager*innen strukturieren ihr Leben mit Kindern entlang von Aufgaben. Das erfolgreiche Abarbeiten der Aufgaben vermittelt Motivation und Sinn, wird aber auch als Arbeit wahrgenommen. Manager*innen repräsentieren in ihren sozio-ökonomischen Rahmenbedingungen eher die Vorstellung einer modernisierten Normalfamilie als die Gemeinschaftsgestalter*innen: Sie sind primär Mütter, die in einer Partnerschaft leben, in der beide Elternteile erwerbsarbeiten und Kinder versorgen, mit jeweils geschlechtertypischen Anteilen. In ihrem Care-Handeln repräsentieren sie dagegen weniger das traditionelle, auf Fürsorge zentrierte Mutterbild, sondern viel eher ein professionalisiertes Mutterbild einer Familienmanagerin, die das Projekt Familie professionell begleitet.

Bemerkenswert ist, dass es bei den Gemeinschaftsgestalterinnen umgekehrt ist: Während ihre überwiegend prekären sozio-ökonomischen Rahmenbedingungen eher von den Vorstellungen einer Normalfamilie abweichen, ist ihr Care-Handeln eher traditionell fürsorgend und weit weniger auf Organisation und Management ausgerichtet als das der Manager*innen. Der Begriff der Selbstunwirksamkeit ist der zentrale Begriff der Tagesbezwinger*innen. Tagesbezwinger*innen gibt es über alle sozio-ökonomischen Bedingungen hinweg. Ausschlaggebend für ihr Care-Handeln ist ihre mangelnde Selbstwirksamkeit: Ihr ungenügender Einfluss auf ihre Kinder und ihre quasi unfreiwillig realisierte situativ-reaktive Zeitstrukturierung bewirken ein Handeln-auf-Sicht. Das Care-Handeln resultiert primär aus der misslingenden Einflussnahme auf das Kind. Die Interaktion mit dem Kind ist geprägt von einer empfundenen Nichtpassung der Kinder an gesellschaftliche und/oder eigene Vorstellungen, der erlebten Widerständigkeit der Kinder und der anstrengenden Interaktionsform zur Einflussnahme im Kampf- oder Resignationsmodus. Das Care-Handeln von Tagesbezwinger*innen ist damit auch eine Reaktion auf die gesellschaftlichen Erwartungen an Kinder. In diesen Typ wird das Kind als Koproduzent der familialen Care-Arbeit für Kinder besonders deutlich. Der Typ verweist auf die Notwendigkeit, das Kind sowohl in seiner Individualität als auch in seinem aktuellen gesellschaftlichen Rollenbild stärker in die Analyse der Care-Arbeit von Eltern einzubeziehen als dies bisher geschieht.

Im Folgenden werden die Dimensionen des Arbeitshandelns detaillierter vergleichend gegenübergestellt. Unterstützend und für einen vergleichenden Überblick sind im Anhang 1 in den Tabellen 13a bis 13e die drei Typen entlang ihrer Ausprägungen aller zentralen Dimensionen von Arbeit skizziert.

Zu den Handlungsstrategien

Die herausgearbeiteten Typen unterscheiden sich sehr trennscharf in ihrer realisierten Zeitstrukturierung. Während Gemeinschaftsgestalter*innen primär eine situativ-proaktive Zeitstrukturierung realisieren, agieren Manager*innen allesamt geplant-proaktiv und Tagesbezwinger*innen allesamt situativ-reaktiv. Der entscheidende Unterschied liegt im Grad der Planung, der Vorausschau und der Zweckorientierung der Handlungen und im erfahrenen Widerstand. Während Gemeinschaftsgestalter*innen möglichst auch viel ungeplante und an der momentanen Bedürfnisstruktur ausgerichtete zweckfreie Zeit realisieren, planen Manager*innen viel, und ihr

Tag ist wesentlich durch das Abarbeiten von Aufgaben geprägt. Die Typen unterscheiden sich darüber hinaus in ihrer realisierten Interaktionsform zur Einflussnahme auf die Kinder. Während den Gemeinschaftsgestalter*innen und den Manager*innen Einflussnahme gelingt, gelingt diese den Tagesbezwinger*innen kaum. Tagesbezwinger*innen erleben ihre Einflussnahme auf ihre Kinder als sehr ungenügend, und dies nicht nur als Phase, sondern dauerhaft. Während Gemeinschaftsgestalter*innen primär mit beharrlichen Gesprächen und Präsenz Einfluss auf ihre Kinder nehmen, realisieren Manager*innen primär Einfluss über liebevolle Strenge. Tagesbezwinger*innen erleben in ihren oft vergeblichen Versuchen der Einflussnahme dagegen überwiegend Kämpfe oder die eigene Resignation. Ebenfalls unterscheiden sich die drei Typen in ihrem Umgang mit Kooperationen mit unterstützenden Institutionen und Personen. Der Kooperationsgrad und teilweise auch die Qualität der Kooperationen sind verschieden. So weisen Manager*innen im Vergleich zu den anderen Typen einen höheren Grad an Arbeitsteilung und damit an Kooperationen auf als die Gemeinschaftsgestalter*innen und die Tagesbezwinger*innen. Während der niedrige Grad an Arbeitsteilung bei den Gemeinschaftsgestalter*innen aus Überzeugung und bewusst angestrebt wird, ist er bei den Tagesbezwinger*innen eher das Ergebnis vorangegangener negativer Erfahrungen. Denn die ungünstigsten Kooperationen weisen die Tagesbezwinger*innen auf: Sie haben bzw. hatten besonders oft konfliktäre Kooperationen zu bewältigen.

Zu den Ressourcen

Gemeinschaftsgestalter*innen und Manager*innen unterscheiden sich sehr im Hinblick auf die genannten Kompetenzen. Während Gemeinschaftsgestalter*innen am häufigsten Beziehungskompetenzen nennen, nennen Manager*innen und auch die Tagesbezwinger*innen am häufigsten die persönliche Stabilität als eingebrachte Kompetenzen. Sehr deutliche Unterschiede gibt es bei den Organisationskompetenzen. Während kein/e Gemeinschaftsgestalter*in Organisationskompetenzen benennt, benennen alle Manager*innen Organisationskompetenzen. Sehr interessant im Hinblick auf die Kompetenzen und sehr trennscharf zwischen den Typen sind auch der jeweilige Schulungsbedarf und die Bewertung des derzeitigen Angebots. Während Manager*innen Schulungen für Eltern für unnötig halten, finden Tagesbezwinger*innen allesamt Schulungen für sehr notwendig, aber in einer anderen Form als derzeit angeboten. Sie betonen sehr, dass die derzeitigen Schulungen zu wenig die Individualität der Kinder berücksichtigen würden, und die Konzepte bei ihnen im Alltag nicht anwendbar sind. Gemeinschaftsgestalter*innen zeigen kein einheitliches Bild, sondern verteilen sich über die gesamte Bandbreite. Die Mehrheit der Gemeinschaftsgestalter*innen hält Schulungen für nötig, wobei aber nur ein geringer Anteil davon das derzeitige Angebot auch passend findet. Ein Teil der Gemeinschaftsgestalter*innen hält Schulungen für unnötig. Auch bei den Arbeitsmitteln gibt es deutliche Unterschiede zwischen den Typen. In der Summe verwenden Manager*innen deutlich mehr Arbeitsmittel als die anderen Typen. Bemerkenswert sind ihre mobilen Mittel zur Zeit- und Aufgabenplanung und ebenso die verwendeten Aufgabenlisten für die Kinder, die bei Abwesenheit der Eltern als Elternsubstitute fungieren. Auch bei den Kraftquellen gibt es Unterschiede. Während für die Gemeinschaftsgestalter*innen das Kind selbst der wichtigste Anerkennungsgeber ist, betonen die Manager*innen und Tagesbezwinger*innen die erweiterte Familie und auch Freund*innen, Kolleg*innen und Lehrer*innen als wichtige Anerkennungsgeber. Bei den Manager*innen spielt aber auch die eigene Person als Anerkennungsgeber eine große Rolle. Bei den weiteren Kraftquellen fällt auf, dass für Manager*innen Zeit ohne Kinder absolut notwendig ist, während die beiden anderen Typen diese Kraftquelle nicht in den Vordergrund stellen, sondern stattdessen Gespräche mit der Familie und Freund*innen. Nur die Gemeinschaftsgestalter*innen betonen explizit, dass das gesamte Leben mit ihren Kindern für sie eine Kraftquelle darstellt.

Zu den Belastungen, subjektiven Unterscheidungen zwischen Arbeit und Nicht-Arbeit und Bewertungen des Lebens mit ihren Kindern

Auch in den genannten Belastungen lassen sich deutliche Unterschiede erkennen. Während für Gemeinschaftsgestalter*innen Zeitmangel und Erziehung die größte Belastung darstellen, sind für Manager*innen Erziehung und unvorhersehbare Situationen die größten Belastungsfaktoren. Für Tagesbezwinger*innen steht einseitig die Erziehung im Zentrum ihrer Belastungen, dafür aber umso vehementer. Auch bei der Unterscheidung zwischen gefühlter Arbeit und Nicht-Arbeit lassen sich typenspezifische Unterscheidungen ausmachen. Während bei den Manager*innen eindeutig der Kontext, also die eigene Verfassung, in der eine Tätigkeit ausgeführt wird, den zentralen Unterschied ausmacht, betonen die Gemeinschaftsgestalter*innen auch die Tätigkeit selbst, oder auch den Grad an Gemeinschaft.

Für die Tagesbezwinger*innen ist der Grad an erlebter Gemeinschaft der einzige und entscheidende Unterschied in der Wahrnehmung von gefühlter Arbeit bzw. Nicht-Arbeit. Die Bewertung des Lebens mit den Kindern ist zwischen den Typen sehr unterschiedlich. Während Gemeinschaftsgestalter*innen ihr Leben mit Kindern trotz der sehr hohen Anstrengung am häufigsten von allen Typen als bereicherndes und das Selbst entwickelndes Leben bewerten, bewerten die Manager*innen ihr Leben mit Kindern häufiger deutlich ambivalenter als bereicherndes, aber auch entgangenes Leben. Die Tagesbezwinger*innen bewerten ihr Leben mit Kindern überwiegend als sehr anstrengendes und belastendes Leben.

8. Fazit

8.1 Zusammenfassung

Ziel der vorliegenden Studie war es, ein breites und tiefes Verständnis der familialen Care-Arbeit für Kinder zu entwickeln. Dazu wurden arbeitssoziologische Dimensionen von Arbeit aus dem erweiterten Konzept des Arbeitshandelns (Böhle 2010) an das Forschungsfeld angepasst. Auf dieser Basis wurden Forschungsfragen entwickelt, die geeignet erschienen, erstens das familiale Care-Handeln für Kinder strukturierend zu beschreiben, zweitens das Anforderungsprofil zu skizzieren und drittens die Vielfalt des familialen Care-Handelns für Kinder unter Berücksichtigung der sehr ungleichen familialen Rahmenbedingungen herauszuarbeiten.

Insgesamt wurden 16 problemorientierte Interviews (Witzel 1989) mit aktiven Eltern aus den vier Reproduktionsmodellen nach Winker (2015) geführt. Damit wurde die Bandbreite der möglichen sozio-ökonomischen Rahmenbedingungen von Eltern im Sample abgedeckt. Die Auswertung erfolgte im ersten Schritt mit einer Kombination aus der inhaltlich strukturierenden und der evaluativen qualitativen Inhaltsanalyse nach Kuckartz (2014) und im zweiten Schritt mit der typenbildenden Inhaltsanalyse nach Kuckartz (2014).

Die Ergebnisse zeigen, dass die zentralen Dimensionen von Arbeit, wie sie im Konzept des Arbeitshandelns formuliert sind, geeignet sind, um ein tiefes Verständnis der familialen Care-Arbeit für Kinder zu entwickeln und bisher weniger beachtete Facetten der Tätigkeit von Eltern sichtbar zu machen (für einen Gesamtüberblick über die Ergebnisse siehe Anhang 1, Tabelle 14). Die Ergebnisse geben einen strukturierenden Überblick über die vielfältigen Ausprägungen der zentralen Dimensionen der Arbeit von Eltern. Deutlich werden die über alle Eltern hinweg gleichen anspruchsvollen Ziele. Alle befragten Eltern verfolgen die gleichen zwei Ziele, nämlich dass ihre

Kinder erstens »später gut zurechtkommen«[1] und zweitens »eine zufriedene Kindheit« haben. Die realisierten Tätigkeiten der befragten Eltern zeigen eine sehr große Bandbreite: Eltern versorgen, pflegen, begleiten, beaufsichtigen, entscheiden, planen, organisieren, bringen bei, motivieren, treiben an und lenken. Aber auch die Unterschiedlichkeit des Care-Handelns von Eltern wird in den Ergebnissen deutlich. Große Unterschiede bestehen im Hinblick auf die zentralen Handlungsstrategien: erstens die Strukturierung der zur Verfügung stehenden Familienzeit, zweitens die realisierte zentrale Interaktionsform im Umgang mit den Kindern und drittens der Grad und die Qualität der realisierten Kooperationen mit unterstützenden Institutionen und Personen. Die Ergebnisse zur Zeitstrukturierung zeigen, dass alle befragten Eltern bei der Care-Arbeit für ihre Kinder fünf Zeitqualitäten unterscheiden: routinisierte Zeit mit Kindern, zweckorientierte Zeit mit Kindern, zweckfreie Zeit mit Kindern, von Widerständen geprägte Zeit mit Kindern und zweckorientierte Zeit ohne Kinder. Diese grundsätzlich von allen Eltern erlebten Zeitqualitäten ergeben durch je eigene Kombinationen spezifische Zeitstrukturierungen. Unterscheiden lassen sich situativ-proaktive, geplant-proaktive und situativ-reaktive Zeitstrukturierungen. Für alle befragten Eltern sind die zentralen Interaktionsformen im Umgang mit ihren Kindern Interaktionsformen zur Einflussnahme auf ihre Kinder. Allen befragten Eltern ist es absolut wichtig, Einfluss auf ihre Kinder zu realisieren, und dies ohne die Beziehung zu gefährden. Unterschieden werden muss die gelingende von der ungenügenden Einflussnahme, die sehr belastend für Eltern ist. Gelingende Einflussnahme wird realisiert über liebevolle Strenge, durch beharrliche Gespräche oder auch primär durch Präsenz. Eine ungenügende Einflussnahme bedeutet dagegen Kampf oder Resignation. Alle Eltern müssen in ihrer familialen Care-Arbeit für ihre Kinder mit unterstützenden Institutionen und Personen kooperieren. Die Anzahl an Kooperationen, aber auch die Qualität der Kooperationen sind sehr verschieden. Einige der befragten Eltern kooperieren lediglich mit Regelinstitutionen wie Schule, Kindertagesstätte und ggf. dem anderen Elternteil (niedriger Kooperationsgrad). Andere Eltern kooperieren zusätzlich mit der erweiterten Familie wie Großeltern oder Geschwistern, mit Freizeitaktivitäten unterstützenden Organisationen wie Vereinen, Musikschulen u.Ä. sowie Bedarfskooperationen mit temporär Unterstützenden wie Elternschulen, Mentoren,

1 Die in Anführungszeichen gesetzten Passagen kennzeichnen Zitate aus Interviews.

Nachhilfeschulen etc. (hoher Kooperationsgrad). Eine weitere Gruppe von Eltern kooperiert darüber hinaus noch mit einer Vielzahl von bezahlten Hilfen wie Babysittern, Kindersittern, Au-pairs und diversen Haushaltshilfen sowie vereinzelt auch unbezahlten Hilfen wie Freund*innen (sehr hoher Kooperationsgrad). Entscheidend ist aber nicht nur der Grad der Kooperationen, sondern auch die Qualität der Kooperationen: Die Ergebnisse zeigen, dass eingestimmte, dauerhaft abzustimmende, autonome und konfliktäre Kooperationen[2] realisiert werden, die jeweils sehr verschieden sowohl in ihren unterstützenden Wirkungen als auch in ihren Anforderungen an die mit Kooperationen einhergehende Kooperationsarbeit sind. Darüber hinaus zeigen die Ergebnisse die große Bandbreite, aber auch Unterschiedlichkeit, erstens der eingesetzten Kompetenzen, Arbeitsmittel und Kraftquellen, zweitens der empfundenen Belastungen, drittens der Unterscheidungen zwischen gefühlter Arbeit und Nicht-Arbeit und viertens der Bewertungen des Lebens mit den Kindern. An dieser Stelle sei nur auf vier Aspekte dieser Dimensionen eingegangen. Die befragten Eltern nennen sehr anspruchsvolle Kompetenzen, die sie für ihre familiale Care-Arbeit für ihre Kinder nutzen. Neben unterschiedlichsten Teil-Kompetenzen in den Bereichen Beziehungs-, Erziehungs-, Organisations- und Emotionssteuerungskompetenz nennen alle Eltern die persönliche Stabilität als zentral für eine gelingende familiale Care-Arbeit für Kinder, die von einigen Eltern aber auch schmerzlich vermisst wird: beispielweise mentale Kraft, um zu Disziplin »anzutreiben« oder Erwerbsarbeits-Vorbildlichkeit, um die Anstrengungsbereitschaft der Kinder in der Schule sicherzustellen. Die persönliche Stabilität ist also sehr bedeutsam und verlangt besondere Berücksichtigung, da sie sich einfachen Schulungsmaßnahmen verschließt und stattdessen angemessene und gute Lebensbedingungen erfordert. Von Bedeutung sind auch die Ergebnisse zu den genutzten Arbeitsmitteln über Haushaltsgeräte hinaus. Es zeigt sich, dass Eltern Arbeitsmittel sehr unterschiedlich einsetzen und nutzen. Besonders deutlich ist der Unterschied bei den genutzten Organisationsmitteln: Während ein Teil der Eltern überhaupt keine Arbeitsmittel zur Organisation und Planung ihrer familialen Care-Arbeit für Kinder nutzt, sind diese für einen anderen Teil unbedingt notwendig. Diese Eltern halten die Versorgung ihrer Kinder ohne den Einsatz von Organisationsmitteln

---

2 Zu den Begriffen: eingestimmte, dauerhaft abzustimmende, autonome und konfliktäre Kooperationen siehe Kapitel 6.2.3.

für nicht machbar. Belastet fühlen sich die befragten Eltern in besonderer Weise durch die Erziehung in einer und für eine meritokratische/n Gesellschaft. Alle Eltern empfinden Erziehung als »harte, harte Arbeit«, einige Eltern empfinden Erziehung sogar als eine Arbeit, die »eigentlich gar nicht leistbar ist«. Die meisten Eltern greifen wegen der hohen Anforderungen im Bereich der Erziehung auf transzendente Handlungsformen zur Entlastung zurück, sie »beten und hoffen«, dass aus ihren Kindern »etwas wird«. Von großer Bedeutung sind auch die Ergebnisse zur subjektiven Unterscheidung zwischen gefühlter Arbeit und Nicht-Arbeit. Den Unterschied zwischen gefühlter Arbeit und Nicht-Arbeit markieren Eltern primär am Aufwand, den Eltern bei der Verrichtung einer Tätigkeit empfinden und damit nicht, wie das theoretisch-objektivierte Arbeitsverständnis, am Zweck der Tätigkeit. Der Unterschied zwischen gefühlter Arbeit und Nicht-Arbeit liegt bis auf Erziehungstätigkeiten, die immer als Arbeit empfunden werden, weniger in der Tätigkeit selbst, als vielmehr im Kontext. Die eigene Verfassung oder der Grad an Gemeinschaft entscheiden darüber, ob Tätigkeiten als Arbeit oder als Nicht-Arbeit empfunden werden. Kraftlos oder im unguten Miteinander werden alle Tätigkeiten – auch sogenannte Freizeittätigkeiten mit Kindern – gefühlt zur Arbeit. Kraftvoll oder eingebettet in Gemeinschaft werden viele Tätigkeiten – auch eigentliche Arbeitstätigkeiten – gefühlt zu Nicht-Arbeit. Das Ergebnis bedeutet auch, dass dem auf Zweck und Nutzen gerichteten theoretisch-objektivierten Arbeitsverständnis ein auf Aufwand und Nicht-Gemeinschaft gerichtetes gefühlt-subjektiviertes Arbeitsverständnis an die Seite gestellt werden muss. Für den Bereich der unbezahlten Haus- und Sorgearbeit gilt dies in besonderer Weise: Während das theoretisch-objektivierte Arbeitsverständnis für die gesellschaftliche Anerkennung von kinderversorgenden Tätigkeiten als Arbeit wichtig ist, ist das gefühlt-subjektivierte Arbeitsverständnis wichtig, um die Anforderungen an und die Überforderungen von Eltern abzuschätzen. Am Rande ist anzumerken, dass diese Unterscheidung auch für den Bereich der Erwerbsarbeit nützlich sein kann.

Über die strukturierende Beschreibung hinaus zeigen die Ergebnisse eine Typologie von Eltern, die grundlegende Unterschiede im Care-Handeln von Eltern herausarbeitet: Gemeinschaftsgestalter*Innen, Manager*innen und Tagesbezwinger*innen können in ihrem Care-Handeln unterschieden werden, sie realisieren je eigene spezifische Handlungsweisen. Die drei Care-Typen unterscheiden sich in grundlegenden Handlungsperspektiven:

Je nach Typ prägt der Fokus Gemeinschaft, arbeitsteilige Aufgabenorientierung oder Selbstunwirksamkeit das Handeln. Das Ergebnis zeigt auch, dass das jeweils realisierte Care-Handeln im Zusammenhang sowohl mit den sozio-ökonomischen Bedingungen als auch mit dem Aufmerksamkeitsbedarf des zu versorgenden Kindes steht. So leben Gemeinschaftsgestalter*innen im vorliegenden Sample überwiegend im prekären und Manager*innen überwiegend im ökonomisierten Reproduktionsmodell. Tagesbezwinger*innen sind weniger durch ihre ökonomischen Rahmenbedingungen bestimmt als durch ihre ungenügende Einflussnahme auf ihre Kinder. In diesem Typ wird das Kind als Koproduzent der familialen Care-Arbeit besonders deutlich.

8.2 Schlussfolgerungen

Anhand der Ergebnisse insbesondere zu den Zielen, Tätigkeiten, Kompetenzen und Belastungen kann die grundsätzliche Arbeitsart der familialen Care-Arbeit für Kinder umrissen werden:

Familiale Care-Arbeit für Kinder ist eine auf Einflussnahme zielende, interaktive und arbeitsteilig-kooperative Arbeit, die selbstorganisiert sowie unentlohnt realisiert wird. Die Vorbereitung der Kinder in einer und auf eine meritokratische/n Gesellschaft bestimmt das familiale Care-Handeln für Kinder. Damit sind hohe Anforderungen verbunden, deren Bewältigung ein hohes Maß an persönlicher Stabilität, insbesondere mentaler Kraft und subjektiv empfundener Vorbildlichkeit braucht.

Die hohen Anforderungen ergeben sich insbesondere aus den Zielen, die Eltern verfolgen, nämlich dass ihre Kinder erstens »später gut zurechtkommen« und zweitens »eine zufriedene Kindheit« haben. Die Ziele bedeuten, dass Eltern ihre Kinder in einer und auf eine meritokratische/n Gesellschaft vorbereiten bzw. entwickeln müssen, und dies unter der Wahrung einer glücklichen Kindheit. Es sind Ziele, die erstens sehr anspruchsvoll sind, die zweitens zum großen Anteil in ferner Zukunft liegen, die drittens unsicher und unscharf sind, für die viertens gefühlt die alleinige Realisierungsverantwortung besteht und die fünftens Interaktionssituationen mit einem nichtwollenden, d.h. widerständigem Gegenüber implizieren, auf das Einfluss genommen werden muss, ohne die gute Beziehung untereinander und eine grundsätzlich glückliche Kindheit zu gefährden.

Auch die von den befragten Eltern verrichteten Tätigkeiten verweisen auf die hohen Anforderungen der familialen Care-Arbeit für Kinder. Die Tätigkeiten berühren die verschiedensten Berufe in der Erwerbsarbeitssphäre, und zwar über alle Hierarchieebenen hinweg. Eltern agieren quasi als Haushälter*innen, Pfleger*innen, Alltagsbegleiter*innen, Fahrer*innen, Manager*innen, Lehrer*innen, Führungskräfte und Personalentwickler*innen in einer Person. Einige der Tätigkeiten sind mit Tätigkeiten aus den obersten Hierarchieebenen der Erwerbsarbeitssphäre vergleichbar: aus Ebenen der Führung, des Managements und der Personalentwicklung.

Ebenso bestätigen die Ergebnisse zu den eingesetzten Kompetenzen die hohen Anforderungen der familialen Care-Arbeit für Kinder. Fasst man die genannten Kompetenzen der befragten Eltern zusammen, so übersteigen die eingebrachten Kompetenzen die Kompetenzanforderungen in den oberen Hierarchieebenen der Erwerbsarbeitssphäre: Familiale Care-Arbeit für Kinder braucht empathische, gelassene, streng-konsequente, verlässliche Personen, die Verantwortung übernehmen, planen und organisieren können, mentale Kraft besitzen, Lebensfreude ausstrahlen, und deren eigene Lebensweise als moralisches und disziplinarisches Vorbild für zukünftig erfolgreiche und zufriedene Menschen taugt. Um handlungsfähig zu sein, nutzen und brauchen Eltern nicht nur diverse anspruchsvolle Teil-Kompetenzen in den Bereichen Beziehungs-, Erziehungs-, Organisations- und Emotionssteuerungskompetenz, sondern sie brauchen vor allem auch persönliche Stabilität. Die Ergebnisse zeigen, dass die befragten Eltern davon ausgehen und sich dessen sehr bewusst sind, dass sie stets mit ihrer ganzen Person auf ihre Kinder wirken, dass sie also nicht nicht wirken können. Diese permanente Wirkung macht die eigene Person quasi zu einem Arbeitsmittel der familialen Care-Arbeit für Kinder. Die persönliche Stabilität von Eltern ist als eine benötigte Kompetenz von Eltern besonders hervorzuheben: Sie ist eine Kompetenz, die schmerzlich vermisst wird, wenn sie nicht ausreichend vorhanden ist, die sich einfachen Schulungsmaßnahmen verschließt, und die bestimmte Lebensbedingungen voraussetzt.

Auch die von den Eltern genannten Belastungen zeigen die hohen Anforderungen. Die Aufgabe, die Kinder in einer und auf eine meritokratische/n Gesellschaft vorzubereiten, ist mit sehr hohen Anforderungen verbunden: Für alle Eltern ist Erziehung »harte Arbeit«, für viele eine Arbeit, die zur Entlastung transzendente Techniken wie Beten und Hoffen braucht.

8.3 Bedeutung der Studie

Die Bedeutung der Studie liegt in der strukturierenden und differenzierenden Beschreibung der familialen Care-Arbeit für Kinder entlang zentraler Dimensionen von Arbeit. Die Ergebnisse zu den zentralen Handlungsstrategien von Eltern, zu den eingebrachten Ressourcen zur Erweiterung ihrer Handlungsfähigkeit, zu den Belastungen, zu den subjektiven Unterscheidungen zwischen gefühlter Arbeit bzw. Nicht-Arbeit und zu den Bewertungen des Lebens mit Kindern zeigen ein breites und tiefes Bild der familialen Care-Arbeit für Kinder. Sie zeigen ein detailliertes Bild, in dem auch die hohen Anforderungen deutlich werden: Anforderungen, die deutlich höher sind als in vielen Bereichen von erwerblich organisierter Arbeit. Die Care-Typologie zeigt darüber hinaus die grundsätzliche Verschiedenheit elterlichen Handelns bei gleichen Zielsetzungen und die Wechselwirkungen zwischen dem Handeln, mit erstens den sozio-ökonomischen Bedingungen sowie zweitens dem Aufmerksamkeitsbedarf des Kindes. Während Manager*innen eher in guten ökonomischen Verhältnissen leben, sind Gemeinschaftsgestalter*innen eher mit prekären Lebensbedingungen konfrontiert. Tagesbezwinger*innen lassen sich dagegen keinen bestimmten sozio-ökonomischen Verhältnissen zuordnen: Gemeinsam ist ihnen die Versorgung von Kindern mit einem hohen Aufmerksamkeitsbedarf bzw. Widerstandspotenzial.

Vor dem Hintergrund der Ergebnisse der vorliegenden Studie ist die Konzentration der Arbeitssoziologie auf Erwerbsarbeit deutlich zu kritisieren. Eltern brauchen mehr Verständnis ihrer mit sehr hohen Anforderungen verbundenen Care-Arbeit für ihre Kinder. Sie brauchen Anerkennung und gute Rahmenbedingungen. Der erste Schritt dafür ist das möglichst allperspektivische Verstehen der familialen Care-Arbeit für Kinder. Dazu braucht man Studien, die tief in die Arbeit von Eltern hineinblicken. Vor dem Hintergrund, dass einige Forscher*innen familiale Care-Arbeit für Kinder als ein Modell bzw. Vorreiter für zukünftige Entwicklungen in der Erwerbsarbeit sehen (Speck 2014), wären diese Studien auch für die Sphäre der Erwerbsarbeit sehr bedeutsam.

Dass man aus den Ergebnissen der vorliegenden Studie auch Rückschlüsse ableiten kann, was Eltern brauchen, ist offensichtlich. Deutlich wird:

- Eltern brauchen mehr Familienzeit: Neben genug Zeit mit ihren Kindern und Zeit für sich selbst brauchen Eltern auch Zeit ohne Kinder zum Erledigen von Hausarbeiten.
- Eltern brauchen auf Einstimmung basierende Kooperationen mit ko-erziehenden Kooperationspartner*innen.
- Eltern brauchen Werkzeuge bzw. Methoden zur Einflussnahme auf ihre Kinder unter Wahrung einer guten Beziehung.
- Eltern brauchen persönliche Stabilität, insbesondere mentale Kraft und subjektiv empfundene Vorbildlichkeit.
- Eltern brauchen ein gutes familiales Miteinander.

Die vorliegende Studie ist weit davon entfernt, konkrete Gestaltungsvorschläge für Eltern unterstützende Institutionen oder die Familienpolitik zu formulieren. Viele Veränderungsideen, die in den Ergebnissen verborgen sind, könnten aber im Kontext professioneller und familienpolitischer Expertise konkretisiert werden.

Statt konkrete Maßnahmen zu benennen, wirft diese Studie zum Abschluss einen Blick auf eine besonders unterstützungsbedürftige Gruppe von Eltern. Eine deutlich höhere Aufmerksamkeit als derzeit gegeben, brauchen die Tagesbezwinger*innen und insbesondere die Tagesbezwinger*innen, die sich selbst nicht als Vorbild sehen (können). Diese Gruppe ist in ihrem familialen Care-Handeln – neben den bereits sichtbareren Gruppen wie Alleinerziehenden und sozio-ökonomisch Benachteiligten – besonders zu unterstützen. Tagesbezwinger*innen leiden sehr unter der ungenügenden Einflussnahme auf ihre Kinder. Bei einigen kommt noch eine subjektiv empfundene mangelnde Vorbildlichkeit als Belastungsfaktor hinzu. Da Eltern davon ausgehen, dass sie neben der direkten Einflussnahme immer auch mit ihrer ganzen Person auf ihre Kinder einwirken, kann eine subjektiv empfundene Vorbildlichkeit ein gewisses Maß an Selbstwirksamkeit erhalten, auch wenn die direkte Einflussnahme ungenügend ist. Eine empfundene mangelnde Vorbildlichkeit verstärkt dagegen die Sorge, dass aus den eigenen Kindern »nichts wird«. Die Ergebnisse der vorliegenden Studie zeigen, dass diese Sorge so allumfassend sein kann, dass auf belastende Notlügen zurückgegriffen wird, um den Kindern gegenüber eine Vorbildfunktion einnehmen zu können. Hier zeigt sich der besondere Unterstützungsbedarf dieser Gruppe. Aber auch der Unterstützungsbedarf von Eltern generell wird hier deutlich. Insbesondere wegen der hohen Bedeutung der persönlichen

Stabilität ist familiale Care-Arbeit für Kinder eine Arbeit der besonderen Art, die besondere gesellschaftliche Aufmerksamkeit, gute gesellschaftliche Rahmenbedingungen und angemessene gesellschaftliche Anerkennung braucht und verdient. Denn persönliche Stabilität ist nicht voraussetzungslos, sondern erfordert ein gutes, an der Gesellschaft teilhabendes Leben und ein wertschätzendes gesellschaftliches Umfeld.

Literatur

Alt, Christian; Lange, Andreas (2012): Erschöpft und ausgelaugt, und dann noch Kinder – Elternschaft zwischen Erwerbsarbeit und Familie. In: Lutz, Ronald (Hg.): Erschöpfte Familien. Wiesbaden: Verlag für Sozialwissenschaften, 107-124. DOI: https://doi.org/10.1007/978-3-531-93324-5_4

Anderson, Bridget (2006): Doing the Dirty Work? Migrantinnen in der bezahlten Hausarbeit in Europa. Berlin u. Hamburg: Assoziation A.

Arnold, Rolf (2001): Kompetenz. In: Arnold, Rolf; Nolda, S.; Nuissl, E. (Hg.): Wörterbuch Erwachsenenpädagogik. Bad Heilbrunn: Klinkhardt, 176.

Bauer, Frank (2009): »Nicht viel Neues in Küche und Kinderzimmer.« – Zur Beharrlichkeit der traditionell geschlechtsspezifischen Zeitverwendung in Deutschland und Großbritannien. In: Heitkötter, Martina; Jurczyk, Karin; Lange, Andreas; Meier-Gräwe, Uta (Hg.): Zeit für Beziehungen? Zeit und Zeitpolitik für Familien. Opladen: Budrich, 235-257. DOI: https://doi.org/10.2307/j.ctvd7w8p1.13

Bock, Gisela; Duden, Barbara (1977): Arbeit aus Liebe – Liebe als Arbeit: zur Entstehung der Hausarbeit im Kapitalismus. In: Frauen und Wissenschaft. Beiträge zur Berliner Sommeruniversität für Frauen Juli 1976. Berlin: Courage.

Böhle, Fritz (2009): Weder rationale Reflexion noch präreflexive Praktik – erfahrungsgeleitet subjektivierendes Handeln. In: Böhle, Fritz; Weihrich, Margit (Hg.): Handeln unter Unsicherheit. Wiesbaden: Verlag für Sozialwissenschaften, 203-228. DOI: https://doi.org/10.1007/978-3-531-91674-3_13

Böhle, Fritz (2010): Arbeit als Handeln. In: Böhle, Fritz; Voß, G. Günter; Wachtler, Günther (Hg.): Handbuch Arbeitssoziologie. Wiesbaden: Verlag für Sozialwissenschaften, 151-176. DOI: https://doi.org/10.1007/978-3-531-92247-8_5

Böhle, Fritz (2011): Interaktionsarbeit als wichtige Arbeitstätigkeit im Dienstleistungssektor. In: WSI Mitteilungen 9/2011, 456-461. https://doi.org/10.5771/0342-300X-2011-9-456

Böhle, Fritz; Glaser, Jürgen (Hg.) (2006): Arbeit in der Interaktion – Interaktion als Arbeit. Wiesbaden: Verlag für Sozialwissenschaften DOI: https://doi.org/10.1007/978-3-531-90505-1

Böhle, Fritz; Glaser, Jürgen; Büssing, André (2006): Interaktion als Arbeit – Ziele und Konzept des Forschungsverbundes. In: Böhle, Fritz; Glaser, Jürgen (Hg.): Arbeit in der Interaktion – Interaktion als Arbeit. Wiesbaden: Verlag für Sozialwissenschaften, 25-41. DOI: https://doi.org/10.1007/978-3-531-90505-1_3

Brost, Marc; Wefing, Heinrich (2015): Geht alles gar nicht. Warum wir Kinder, Liebe und Karriere nicht vereinbaren können. Reinbek bei Hamburg: Rowohlt.

Bundesministerium für Familie, Senioren, Frauen und Jugend (Hg.) (2006): Familie zwischen Flexibilität und Verlässlichkeit. Perspektiven für eine lebenslaufbezogene Familienpolitik. Siebter Familienbericht. Berlin.

Bundesministerium für Familie, Senioren, Frauen und Jugend (Hg.) (2009): Memorandum Familie Leben. Impulse für eine familienbewusste Zeitpolitik. Berlin.

Bundesministerium für Familie, Senioren, Frauen und Jugend (Hg.) (2012): Zeit für Familie. Familienzeitpolitik als Chance einer nachhaltigen Familienpolitik. Achter Familienbericht. Berlin.

Bundesministerium für Familie, Senioren, Frauen und Jugend (Hg.) (2017): Zweiter Gleichstellungsbericht der Bundesregierung. Berlin.

Carstensen, Tanja; Derboven, Wibke; Winker, Gabriele (2012): Soziale Praxen Erwerbsloser. Gesellschaftliche Teilhabe – Internetnutzung – Zeithandeln. Berlin: LIT.

Collier, Paul (2019): Sozialer Kapitalismus! Mein Manifest gegen den Zerfall unserer Gesellschaft. München: Siedler.

Derboven, Wibke (2016): Macht aktive Elternschaft sozial ungleich? In: Carstensen, Tanja; Groß, Melanie; Schrader, Kathrin (Hg.): care I sex I net I work. Feministische Kämpfe und Kritiken der Gegenwart. Münster: UNRAST, 95-104.

Deutsches Institut für Normung e.V. (Hg.) (2004): DIN EN ISO 6385, Grundsätze der Ergonomie für die Gestaltung von Arbeitssystemen. Berlin: Beuth.

Donath, Susan (2000): The Other Economy: A Suggestion for a Distinctively Feminist Economics. In: Feminist Economics, Jg. 6, Heft 1, 115-125. DOI: https://doi.org/10.1080/135457000337723

Donath, Orna (2016): #regretting motherhood. Wenn Mütter bereuen. München: Knaus.

Dunkel, Wolfgang (1988): Wenn Gefühle zum Arbeitsgegenstand werden. Gefühlsarbeit im Rahmen personenbezogener Dienstleistungen. In: Soziale Welt, 39, 66-85.

Dunkel, Wolfgang; Voß, G. Günter (Hg.) (2004): Dienstleistung als Interaktion. München, Mering: Rainer Hampp. DOI: https://doi.org/10.1007/978-3-531-92247-8_6

Dunkel, Wolfgang; Weihrich, Margit (2010): Arbeit als Interaktion. In: Böhle, Fritz; Voß, G. Günter; Wachtler, Günther (Hg.): Handbuch Arbeitssoziologie. Wiesbaden: Verlag für Sozialwissenschaften, 177-200.

Endres, Egon; Wehner, Theo (Hg.) (1996): Zwischenbetriebliche Kooperation. Die Gestaltung von Lieferbeziehungen. Weinheim: Beltz, Psychologie-VerlagsUnion.

Erpenbeck, John; Rosenstiel von, Lutz (Hg.) (2003): Handbuch Kompetenzmessung: Erkennen, verstehen und bewerten von Kompetenzen in der betrieblichen, pädagogischen und psychologischen Praxis. Stuttgart: Schäffer-Poeschel.

Erpenbeck, John; Sauter, Werner (2007): Kompetenzentwicklung im Netz. New Blended Learning mit Web 2.0. Köln: Luchterhand.

Folbre, Nancy (2001): The invisible heart: economics and family values. New York: New Press.

Garsoffky, Susanne; Sembach, Britta (2014): Die Alles ist möglich-Lüge: Wieso Familie und Beruf nicht zu vereinbaren sind. München: Pantheon.

Geissler, Birgit (2010): Haushaltsarbeit und Haushaltsdienstleistungen. In: Böhle, Fritz; Voß, G. Günter; Wachtler, Günther (Hg.): Handbuch Arbeitssoziologie. Wiesbaden: Verlag für Sozialwissenschaften, 931-962. DOI: https://doi.org/10.1007/978-3-531-92247-8_31

Gerhard, Ute (2010): Die neue Geschlechter(un)ordnung: Eine feministische Perspektive auf die Familien. In: Feministische Studien 2/2010, 194-213. DOI: https://doi.org/10.1515/fs-2010-0204

Gubitzer, Luise; Mader, Katharina (2011): Care-Ökonomie. Ihre theoretische Verortung und Weiterentwicklung. In: Kurswechsel 4/2011, 7-21.

Hacker, Winfried (2009): Arbeitsgegenstand Mensch: Psychologie dialogisch-interaktiver Erwerbsarbeit. Ein Lehrbuch. Lengerich u.a.: Pabst.

Heyse, Volker; Erpenbeck, John (Hg.) (2004): Kompetenzen erkennen, bilanzieren und entwickeln. Münster u.a.: Waxmann.

Hochschild, Arlie Russel (1983): The managed heart: The commercialization of human feeling. Berkeley: Univ. of California Press.

Hochschild, Arlie Russel (1990): Das gekaufte Herz. Die Kommerzialisierung der Gefühle. Frankfurt a.M.: Campus.

Hochschild, Arlie Russell (2006): Keine Zeit. Wenn die Firma zum Zuhause wird und zu Hause nur Arbeit wartet. Wiesbaden: Verlag für Sozialwissenschaften.

Holohan, Charles J.; Moos, Rudolf H.; Bonin, Liza (1997): Social support, coping and psychological adjustment: A resource model. In: Pierce, Gregory R.; Lakey, Brian; Sarason, I.G.; Sarason, B.R. (eds.): Sourcebook of social support and personality (3-18). New York u.a.: Plenum Press, 169-186. DOI: https://doi.org/10.1007/978-1-4899-1843-7_8

Jahoda, Marie; Lazarsfeld, Paul Felix; Zeisel, Hans (1933/1975): Die Arbeitslosen von Marienthal: ein soziographischer Versuch über die Wirkungen langandauernder Arbeitslosigkeit. Frankfurt a.M.: Suhrkamp.

Jochimsen, Maren A. (2003): Careful Economics. Integrating Caring Activities and Economic Science. Dordrecht: Springer Science + Media Business.

Jurczyk, Karin; Voß, G. Günter (1995): Zur gesellschaftsdiagnostischen Relevanz der Untersuchung von alltäglicher Lebensführung. In: Projektgruppe »Alltägliche Lebensführung« (Hg.): Alltägliche Lebensführung. Arrangements zwischen Traditionalität und Modernisierung. Opladen: Leske + Budrich, 371-408. DOI: https://doi.org/10.1007/978-3-663-09246-9_12

Jurczyk, Karin; Schier, Michaela; Szymenderski, Peggy; Lange, Andreas; Voß, G. Günter (2009): Entgrenzte Arbeit – entgrenzte Familie. Grenzmanagement im Alltag als neue Herausforderung. Berlin: Ed. Sigma. DOI: https://doi.org/10.5771/9783845268910

Jurczyk, Karin; Klinkhardt, Josefine (2014): Vater, Mutter, Kind? Acht Trends in Familien, die Politik heute kennen sollte. Gütersloh: Verlag Bertelsmann Stiftung.

Jürgens, Kerstin (2006): Arbeits- und Lebenskraft. Reproduktion als eigensinnige Grenzziehung. Wiesbaden: Verlag für Sozialwissenschaften.

Kauffeld, Simone; Grote, Sven; Frieling, Ekkehart (2003): Das Kasseler-Kompetenz-Raster (KKR). In: Erpenbeck, John; Rosenstiel von, Lutz (Hg.): Handbuch Kompetenzmessung: Erkennen, verstehen und bewerten von Kompetenzen in der betrieblichen, pädagogischen und psychologischen Praxis. Stuttgart: Schäffer-Poeschel, 261-282.

Kaufmann, Jean-Claude (1999): Mit Leib und Seele. Theorie der Haushaltstätigkeit. Konstanz: Univ.-Verlag.

Knabe, Andreas; Rätzel, Steffen; Schöb, Ronnie; Weimann, Joachim (2009): Dissatisfied with Life but Having a Good Day. Time-Use and Well-Being of the Unemployed. CESifo Working Paper No. 2604. DOI: https://doi.org/10.1111/j.1468-0297.2009.02347.x

König, Tomke (2012): Familie heißt Arbeit teilen: Transformationen der symbolischen Geschlechterordnung. Konstanz: UVK-Verlag.

Kratzer, Nick; Menz, Wolfgang; Pangert, Barbara (Hg.) (2015): Work-Life-Balance – eine Frage der Leistungspolitik. Analysen und Gestaltungsansätze. Wiesbaden: Springer. DOI: https://doi.org/10.1007/978-3-658-06346-7

Kuckartz, Udo (2014): Qualitative Inhaltsanalyse. Methoden, Praxis, Computerunterstützung. 2. Aufl. Weinheim, Basel: Beltz Juventa.

Kumbruck, Christel (2010): Berufliche Pflegepraxis und die Erfahrung gesellschaftlicher Anerkennung. In: Kumbruck, Christel; Rumpf, Mechthild; Senghaas-Knobloch, Eva (Hg.): Unsichtbare Pflegearbeit. Fürsorgliche Praxis auf der Suche nach Anerkennung. Berlin: LIT, 183-208.

Kumbruck, Christel; Derboven, Wibke (2009): Innere Kraftquellen in der diakonischen Pflege. Texte aus dem SI/EKD Hannover.

Kumbruck, Christel; Derboven, Wibke (2013): Das Repertory-Grid-gestützte narrative Interview als Methode zur Analyse der Bedeutung spiritueller Ressourcen in der Pflege. In: Wirtschaftspsychologie, Heft 2/3, 2013, 5-15.

Lang von Wins, Thomas; Triebel, Class (2006): Kompetenzorientierte Laufbahnberatung. Berlin, Heidelberg: Springer.

Lenze, Anne (2008): In schlechter Verfassung. Familienpolitik in Deutschland. In: Vorgänge, Heft 3, 15-22.

Lenze, Anne (2010): Was ist uns die Familienarbeit wert? Was leistet die Gesellschaft für die Familien, was leisten die Familien für die Gesellschaft. Vortrag im Rahmen des Jahresthemas »Krise als Chance« der Evangelischen Arbeitnehmerschaft (ean). Oberöwisheim, 09.02.2010.

Leont'ev, Aleksej N. (1977): Tätigkeit, Bewußtsein, Persönlichkeit. Stuttgart: Klett.

Lorenz, Renate; Küster, Brigitta (2007): Sexuell arbeiten: eine queere Perspektive auf Arbeit und prekäres Leben. Berlin: b_books-Verlag.

Ludwig, Isolde; Schlevogt, Vanessa; Klammer, Ute; Gerhard, Ute (2002): Managerinnen des Alltags: Strategien erwerbstätiger Mütter in Ost- und Westdeutschland. Berlin: Ed. Sigma.

Lutz, Ronald (Hg.) (2012): Erschöpfte Familien. Wiesbaden: Verlag für Sozialwissenschaften. DOI: https://doi.org/10.1007/978-3-531-93324-5

Madörin, Mascha (2006): Plädoyer für eine eigenständige Care-Ökonomie. In: Niechoj, Torsten; Tullney, Marco (Hg.): Geschlechterverhältnisse in der Ökonomie: Marburg: Metropolis, 277-297.

Merkle, Tanja; Wippermann, Carsten; Henry-Huthmacher, Christine; Borchard, Michael (2008): Eltern unter Druck. Selbstverständnisse, Befindlichkeiten und Bedürfnisse von Eltern in verschiedenen Lebenswelten. Stuttgart: Lucius & Lucius. DOI: https://doi.org/10.1515/9783828260092

Mundlos, Christina (2016): Wenn Mutter sein nicht glücklich macht: das Phänomen Regretting Motherhood. München: mvg.

Ostner, Ilona (2008): Sozialwissenschaftliche Expertise und Politik: Das Beispiel des Siebten Familienberichts. In: Leggewie, Claus; Sachße, Christoph (Hg.) (2008): Soziale Demokratie, Zivilgesellschaft und Bürgertugenden. Festschrift für Adalbert Evers. Frankfurt a.M. u.a.: Campus, 237-250. DOI: https://doi.org/10.1515/zfsoz-2007-0505

Pollmann-Schult, Mathias (2013): Elternschaft und Lebenszufriedenheit in Deutschland. In: Comparative Population Studies – Zeitschrift für Bevölkerungswissenschaft, 38, 1, 59-84.

Rauschenbach, Thomas (2008): Neue Orte für Familien. In: Diller, Angelika; Heitkötter, Martina; Rauschenbach, Thomas (Hg.): Familie im Zentrum. Kinderfördernde und elternunterstützende Einrichtungen – aktuelle Entwicklungslinien und Herausforderungen. München: Verlag Deutsches Jugendinstitut., 133-155.

Resch, Marianne (1999): Arbeitsanalyse im Haushalt. Erhebung und Bewertung von Tätigkeiten außerhalb der Erwerbsarbeit mit dem AVAH-Verfahren. Zürich: vdf Hochschulverlag.

Röhler, Alexander (2009): Zur Zukunft der Hausarbeit in Paarbeziehungen. Theoretische Überlegungen, empirische Befunde und ein Szenario für das Jahr 2050. In: Burkart, Günter (Hg.): Zukunft der Familie. Prognosen und Szenarien. Opladen: Budrich, 179-194. DOI: https://doi.org/10.2307/j.ctvddzj34.11

Sachverständigenkommission zum Zweiten Gleichstellungsbericht der Bundesregierung (2017): Gutachten für den Zweiten Gleichstellungsbericht der Bundesregierung – Erwerbs- und Sorgearbeit gemeinsam neu gestalten. In: Bundesministerium für Familie, Senioren, Frauen und Jugend (Hg.) (2017): Zweiter Gleichstellungsbericht der Bundesregierung. Berlin, 59-243. https://www.gleichstellungsbericht.de/de/topic/2.zweiter-gleichstellungsbericht-der-bundesregierung.html [21.04.2019]

Schneider, Norbert F.; Diabaté, Sabine; Ruckdeschel, Kerstin (Hg.) (2015): Familienleitbilder in Deutschland: Kulturelle Vorstellungen zu Partnerschaft, Elternschaft und Familienleben. Opladen u.a.: Budrich. DOI: https://doi.org/10.3224/84740663

Senghaas-Knobloch, Eva (2008): Care-Arbeit und das Ethos fürsorglicher Praxis unter neuen Marktbedingungen am Beispiel der Pflegepraxis. In: Berliner Journal für Soziologie, Bd. 18, Heft 2, 221-243. DOI: https://doi.org/10.1007/s11609-008-0016-5

Speck, Sarah (2014): Mütter ohne Grenzen. Paradoxien verberuflichter Sorgearbeit am Beispiel der SOS-Kinderdörfer. Wiesbaden: Springer. DOI: https://doi.org/10.1007/978-3-658-05616-2

Statistisches Bundesamt (2010): Alles beim Alten. Mütter stellen Erwerbstätigkeit hinten an. Wiesbaden.

Statistisches Bundesamt (2015a): Daten zu Geburten, Familien und Kinderlosigkeit. Ergebnisse des Mikrozensus 2012, Tabellen mit neuer Hochrechnung anhand der Bevölkerungsfortschreibung auf Basis des Zensus 2011. Wiesbaden.

Statistisches Bundesamt (2015b): Zeitverwendungserhebung 2012/2013. Pressemitteilung Nr. 179 vom 18.05.2015. Wiesbaden.

Stooß, Friedemann; Troll, Lothar (1988): Das »Arbeitsmittel«-Konzept als Instrumentarium zur Beobachtung des beruflichen Wandels. Sonderdruck aus: Mitteilungen aus der Arbeitsmarkt- und Berufsforschung. Stuttgart: Kohlhammer.

Strauss, Anselm; Fagerhaugh, S.; Suczek, B.; Wiener, C. (1980): Gefühlsarbeit. Ein Beitrag zur Arbeits- und Berufssoziologie. In: Kölner Zeitschrift für Soziologie und Sozialpsychologie, Jg. 32, 629-651.

Techniker Krankenkasse (Hg.) (2016): Entspann dich, Deutschland. TK-Stressstudie 2016. Hamburg.

Voß, G. Günter (1995): Entwicklung und Eckpunkte des theoretischen Konzepts. In: Projektgruppe »Alltägliche Lebensführung« (Hg.): Alltägliche

Lebensführung. Arrangements zwischen Traditionalität und Modernisierung. Opladen: Leske + Budrich, 23-43. DOI: https://doi.org/10.1007/978-3-663-09246-9_3

Voß, G. Günter (2010): Was ist Arbeit? Zum Problem eines allgemeinen Arbeitsbegriffs. In: Böhle, Fritz; Voß, G. Günter; Wachtler, Günther (Hg.): Handbuch Arbeitssoziologie. Wiesbaden: Verlag für Sozialwissenschaften, 23-80. DOI: https://doi.org/10.1007/978-3-531-92247-8_2

Voß, G. Günter; Weihrich, Margit (Hg.) (2001): tagaus – tagein. Neue Beiträge zur Soziologie alltäglicher Lebensführung. München: R. Hampp Verlag.

Vygotskij, Lev S. (2002): Denken und Sprechen: psychologische Untersuchungen. Weinheim: Beltz.

Voswinkel, Stephan (2005): Welche Kundenorientierung? Anerkennung in der Dienstleistungsarbeit. Berlin: Ed. Sigma.

Weihrich, Margit; Dunkel, Wolfgang (2003): Abstimmungsprobleme in Dienstleistungsbeziehungen. Ein handlungstheoretischer Zugang. In: Kölner Zeitschrift für Soziologie und Sozialpsychologie, Jg. 55, Heft 4, 758-781. DOI: https://doi.org/10.1007/s11577-003-0120-7

Winker, Gabriele (2010): Prekarisierung und Geschlecht. Eine intersektionale Analyse aus Reproduktionsperspektive. In: Manske, Alexandra; Pühl, Katharina (Hg.): Prekarisierung zwischen Anomie und Normalisierung. Münster: Westfälisches Dampfboot, 165-184.

Winker, Gabriele (2012): Intersektionalität als Gesellschaftskritik. In: Widersprüche, 32. Jg., Heft 126, 13-26.

Winker, Gabriele (2015): Care Revolution. Schritte in eine solidarische Gesellschaft. Bielefeld: transcript. DOI: https://doi.org/10.14361/transcript.9783839430408

Winker, Gabriele; Degele, Nina (2009): Intersektionalität. Zur Analyse sozialer Ungleichheit. Bielefeld: transcript. DOI: https://doi.org/10.14361/9783839411490

Witzel, Andreas (2000): Das problemzentrierte Interview. In: Forum: Qualitative Sozialforschung 1 (1). www.qualitative-research.net/index.php/fqs/article/view/1132 [21-04.2019]

Wolf, Christa (2006): Belastungen durch Erwerbsarbeit, Hausarbeit und soziale Beziehungen. In: Kölner Zeitschrift für Soziologie und Sozialpsychologie, Sonderheft 46, 158-176.

Zapf, Dieter; Semmer, Norbert K. (2004): Stress und Gesundheit in Organisationen. In: Schuler, Heinz (Hg.): Enzyklopädie der Psychologie. Themenbereich D. Serie III. Bd. 3. Organisationspsychologie. 2. Aufl. Göttingen: Hogrefe, 1007-1112.

Tabellenverzeichnis

Tabellen im Text

Tabellen im Anhang

Anhang

Anhang 1: Tabellen

Tabelle 12: Sample der Studie

Anonymisierter Name	Geschlecht: Alter	Umfang: Care-Arbeit*; Institutionelle Versorgung**	Umfang Erwerbsarbeit	Alter der Kinder (Kinder, die nicht im Haushalt leben)
Ökonomisiertes Reproduktionsmodell				
Frau W.	w: 29	H; Kita, TM: jeweils 6h	75 %-Stelle	1, 3
Frau N.	w: 30	H; Kita: 10h	70 %-Stelle	2, 6
Frau L.	w: 34	H; Kita: 8h	60 %-Stelle	2
Herr A.	m: 50	N; TM: 6h	Vollzeit-Stelle mit Überstunden	3, 7 (20, 24)
Herr D.	m: 40	N; TM, Kita, Schule: jeweils 5h	Vollzeit-Stelle mit Überstunden	2, 4, 12
Herr B.	m: 36	N; Kita: 6h	Vollzeit-Stelle	3 (9)
Paarzentriertes Reproduktionsmodell				
Frau F.	w: 48	H; Schule	70 %-Stelle	12, 17, 21
Frau E.	w: 31	H; Kita: 8 h, Ganztagsschule	50 %-Stelle	1, 9, 12
Frau H.	w: 49	H; Schule	Hausfrau mit Minijob	13, 14
Frau P.	w: 28	H; Kita: 6h	Studentin	2, 4, 5

Prekäres Reproduktionsmodell				
Frau T.	w: 49	A; Schule	Vollzeit-Stelle	8 (31)
Frau S.	w;49	A; Kita: 8h	75 %-Stelle	6.23 (26)
Frau R.	w: 50	A; Schule	50 %-Stelle	13, 15
Frau K.	w: 27	H; keine	Studentin	1
Subsistenzorientiertes Reproduktionsmodell				
Frau Z.	w: 43	A; Schule	arbeitssuchend	15 (18, 21)
Frau V.	w: 29	A; Kita: 8h	arbeitsuchend	3, 5

Legende:
*H = übernimmt die Hauptversorgung der Kinder; N = übernimmt eine Nebenversorgung der Kinder, d.h. es gibt noch einen hauptversorgenden Elternteil; A = ist alleinerziehend
** Aufgeführt sind: Kita = Kindertagesstätte, TM = Tagesmutter, Schule bzw. Ganztagsschule. Andere Kooperationspartner*innen sind an dieser Stelle nicht aufgeführt.

Tabelle 13a: Häufigkeiten der Ausprägungen der zentralen Handlungsstrategien in den verschiedenen Care-Typen

Dimensionen und Ausprägungen	**Häufigkeiten der Ausprägungen in den Typen:**		
	Gemeinschaftsgestalter*innen (N=7)	**Manager*innen (N=6)**	**Tagesbezwinger*innen (N=3)**
Umgang mit Familienzeit: Zeitstrukturierung (Prozentualer Anteil bezogen auf alle Personen des jeweiligen Typs)*			
situativ-proaktiv	71 %	0 %	0 %
geplant-proaktiv	29 %	100 %	0 %
situativ-reaktiv	0 %	0 %	100 %
Interaktionsform zur Einflussnahme auf die Kinder (Prozentualer Anteil bezogen auf alle Personen des jeweiligen Typs)*			
Einflussnahme durch liebevolle Strenge	20 %	67 %	0 %
Einflussnahme durch beharrliche Gespräche	40 %	0 %	0 %
Einflussnahme durch Präsenz	40 %	33 %	0 %
ungenügende Einflussnahme	0 %	0 %	100 %
Umgang mit Kooperationen 1: Anzahl der Kooperationen (Prozentualer Anteil bezogen auf alle Personen des jeweiligen Typs)*			
niedrig	57 %	0 %	67 %
hoch	29 %	33 %	33 %
sehr hoch	14 %	67 %	0 %
Umgang mit Kooperationen 2: Qualität der Kooperationen (Prozentualer Anteil bezogen auf alle Nennungen des jeweiligen Typs zu ihren Kooperationen)*			
eingestimmt	*22 %*	*29 %*	*20 %*
dauerhaft abzustimmend	*11 %*	*14 %*	*0 %*
autonom	*45 %*	*43 %*	*20 %*
konfliktär	*22 %*	*14 %*	*60 %*

Legende – gilt auch für die Tabellen 13b und 13e:
Begriffe und Prozentangabe nicht kursiv und Hinweis »Prozentualer Anteil bezogen auf alle Personen des jeweiligen Typs«: In diesen Bereichen wurde jedem befragtem Elternteil genau eine Ausprägung zugeordnet. Die Prozentangabe gibt den Anteil der Eltern des jeweiligen Typs mit der jeweiligen Ausprägung an. Lesebeispiel: Zeitstrukturierung: 71 % aller Gemeinschaftsgestalter*innen realisieren eine situativ-proaktive Zeitstrukturierung.

Begriffe und Prozentangabe kursiv und Hinweis »Prozentualer Anteil bezogen auf alle Nennungen des jeweiligen Typs zu …): In diesen Bereichen wurden jedem Elternteil mehrere Ausprägungen mit teilweise mehreren Nennungen zugeordnet. Die Prozentangabe gibt den prozentualen Anteil der jeweiligen Ausprägung bezogen auf alle Nennungen des jeweiligen Typs in diesem Bereich an. Rückschlüsse auf die absolute Anzahl der Nennungen sind nicht möglich. Diese Prozentangaben zeigen das relative Verhältnis verschiedener Ausprägungen innerhalb eines Typs. Lesebeispiel: Kooperationsstruktur: Qualität der Kooperationen: 44 % aller von den Gemeinschaftsgestalter*innen realisierten Kooperationen sind autonome Kooperationen.

Tabelle 13b: Häufigkeiten der Ausprägungen der eingebrachten Ressourcen in den verschiedenen Care-Typen

Dimensionen und Ausprägungen	Häufigkeiten der Ausprägungen in den Typen		
	Gemeinschaftsgestalter*innen (N=7)	Manager*innen (N=6)	Tagesbezwinger*innen (N=3)
Eingebrachte Kompetenzen (Prozentualer Anteil bezogen auf alle Nennungen des jeweiligen Typs zu ihren Kompetenzen)*			
Beziehungskompetenz	35 %	17 %	23 %
Erziehungskompetenz	25 %	6 %	15 %
Organisationskompetenz	0 %	22 %	15 %
Emotionskontrolle	15 %	16 %	15 %
Persönliche Stabilität	25 %	39 %	32 %
Beurteilung von angebotenen Schulungen (Prozentualer Anteil bezogen auf alle Personen des jeweiligen Typs)*			
nötig und gutes Angebot	14 %	0 %	0 %
nötig, aber anders als derzeit angeboten	43 %	0 %	100 %
nicht nötig	43 %	100 %	0 %
Genutzte Arbeitsmittel (Prozentualer Anteil bezogen auf alle Nennungen des jeweiligen Typs zu ihren Arbeitsmitteln)*			
zur Zeit- und Aufgabenplanung	0 %	25 %	33 %
zur Erreichbarkeit und Mobilität	63 %	33 %	67 %
zur Einflussnahme auf die Kinder	37 %	42 %	0 %
Unterstützende Kraftquellen 1: erhaltene Anerkennung (Prozentualer Anteil bezogen auf alle Nennungen des jeweiligen Typs zur erhaltenen Anerkennung)*			
von der erweiterten Familie	29 %	37 %	43 %
*von Freund*innen, Nachbar*innen, Kolleg*innen, Lehrer*innen*	22 %	37 %	29 %
vom Kind	42 %	0 %	0 %
vom anderen Elternteil	7 %	0 %	14 %
von sich selbst	0 %	26 %	14 %
Unterstützende Kraftquellen 2: über Anerkennung hinausgehend (Prozentualer Anteil bezogen auf alle Nennungen des jeweiligen Typs zu weiteren Kraftquellen)*			
Leben mit Kind	33 %	0 %	0 %
Zeit ohne Kind	17 %	75 %	0 %
*Gespräche mit der erweiterten Familie, Freund*innen*	33 %	15 %	67 %
Umgang mit Tieren	17 %	0 %	33 %
Erwerbsarbeit	0 %	10 %	0 %

* Legende: siehe Tabelle 13a

Tabelle 13c: Häufigkeiten der Ausprägungen der Belastungen in den verschiedenen Care-Typen

Dimension und Ausprägungen	Häufigkeiten der Ausprägungen in den Typen		
	Gemeinschaftsgestalter*innen (N=7)	Manager*innen (N=6)	Tagesbezwinger*innen (N=3)
Belastungsbereiche: Hohes Anforderungsprofil und Mangel an Ressourcen (Prozentualer Anteil bezogen auf alle Nennungen des jeweiligen Typs zu ihren Belastungen)*			
Erziehung in einer und für eine meritokratische/n Gesellschaft	*29 %*	*33 %*	*38 %*
Handlungsunsicherheit	*6 %*	*0 %*	*10 %*
Allverantwortlichkeit	*6 %*	*0 %*	*0 %*
Unvorhergesehenes	*0 %*	*27 %*	*0 %*
Zeitmangel	*25 %*	*20 %*	*10 %*
Mangel an (ko-erziehenden) Kooperationen	*6 %*	*20 %*	*10 %*
Geldmangel	*14 %*	*0 %*	*10 %*
Mangel an mentaler Kraft	*14 %*	*0 %*	*10 %*
Mangel an empfundener Vorbildlichkeit	*0 %*	*0 %*	*12 %*

* Legende: siehe Tabelle 13a

Tabelle 13d: Häufigkeiten der Ausprägungen der subjektiven Unterscheidung zwischen Arbeit und Nicht-Arbeit in den verschiedenen Care-Typen

Dimension und Ausprägungen	Häufigkeiten der Ausprägungen in den Typen		
	Gemeinschaftsgestalter*innen (N=7)	Manager*innen (N=6)	Tagesbezwinger*innen (N=3)
Der Unterschied zwischen gefühlter Arbeit und Nicht-Arbeit (Prozentualer Anteil bezogen auf alle Personen des jeweiligen Typs)*			
liegt überwiegend in der Tätigkeit	43 %	0 %	0 %
liegt überwiegend im Kontext: eigene Verfassung	43 %	67 %	0 %
liegt überwiegend im Kontext: Grad an Gemeinschaft	14 %	0 %	100 %
alles ist Arbeit	0 %	33 %	0 %

* Legende: siehe Tabelle 13a

Tabelle 13e: Häufigkeiten der Ausprägungen der Bewertung des Lebens mit Kindern in den verschiedenen Care-Typen

Dimension und Ausprägungen	Häufigkeiten der Ausprägungen in den Typen		
	Gemeinschaftsgestalter*innen (N=7)	Manager*innen (N=6)	Tagesbezwinger*innen (N=3)
Bewertung des Lebens mit Kindern (Prozentualer Anteil bezogen auf alle Personen des jeweiligen Typs)*			
bereicherndes und das Selbst entwickelndes Leben	57 %	33 %	0 %
bereicherndes, aber auch entgangenes Leben	43 %	50 %	33 %
sehr anstrengendes und belastendes Leben	0 %	17 %	67 %

* Legende: siehe Tabelle 13a

Tabelle 14: Die Ergebnisse auf einen Blick

(Arbeits-)Dimensionen	Ausprägungsraum	
Ungleiche sozio-ökonomische Rahmenbedingungen	Ökonomisiertes Reproduktionsmodell Paarzentriertes Reproduktionsmodell Prekäres Reproduktionsmodell Subsistenzorientiertes Reproduktionsmodell (Winker 2015)	
Verschiedene Care-Typen	Gemeinschaftsgestalter*innen Manager*innen Tagesbezwinger*innen	
Gleiche Ziele	Befähigung für eine meritokratische Gesellschaft Glückliche Kindheit Bindung an die Familie	
Unterschiedlicher Umgang mit Familienzeit	Zeitstrukturierung	• Situativ-proaktiv • Geplant-proaktiv • Situativ-reaktiv
	Zeitqualitäten	• Routinisierte Zeit mit Kindern • Zweckorientierte Zeit mit Kindern • Zweckfreie Zeit mit Kindern • Von Widerständen geprägte Zeit mit Kindern • Zweckorientierte Zeit ohne Kinder
Unterschiedl. zentrale Interaktionsformen im Umgang mit den Kindern	Einflussnahme durch liebevolle Strenge Einflussnahme durch beharrliche Gespräche Einflussnahme durch Präsenz Ungenügende Einflussnahme: Kampf oder Resignation	
Unterschiedlicher Umgang mit Kooperationen mit unterstützenden Institutionen und Personen	Kooperationsgrad	• Niedrig • Hoch • Sehr hoch
	Qualität der Kooperationen	• Eingestimmt • Dauerhaft abzustimmend • Autonom • Konfliktär

(Fortsetzung auf den nachfolgenden Seiten)

In Teilen unterschiedliche Kompetenzen	Beziehungskompetenz	• Empathie • Flexibilität • Vorstellung eines liebevollen Umgangs • Verlässlichkeit
	Erziehungskompetenz	• Strenge/Konsequenz • Motivieren zu sinnvollen Beschäftigungen
	Organisationskompetenz	• Planen • Organisieren
	Emotionskontrolle	• Gelassenheit/Geduld • Aushalten/Loslassen-Können
	Persönliche Stabilität	• Mentale Kraft/Präsenz • Lebensfreude/Leichtigkeit • Vorbildlichkeit • Authentizität • Resilienz
Nutzung unterschiedlicher Arbeitsmittel (über Haushaltsmittel hinaus)	Zeit- und Aufgabenplanung	• Terminkalender • To-do-Listen • Erinnerungslisten
	Erreichbarkeit und Mobilität	• Handy • Auto • Fahrrad • Kinderwagen/Buggy
	Einflussnahme auf die Kinder	• Gutes Spielzeug zur Entwicklung • Lernspielzeug • Alltagsgegenstände • Filme etc. zum Ruhigstellen • Familienplaner • Aufgabenlisten für Kinder • Gespräche
Unterschiedliche Kraftquellen	Anerkennung als Kraftquelle: Anerkennungsgeber	• erweiterte Familie • Freund*innen, Nachbar*innen, Kolleg*innen, Lehrer*innen • Kinder • die eigene Person
	Weitere Kraftquellen	• Leben mit Kind • Zeit ohne Kind • Gespräche mit der erweiterten Familie, Freund*innen • Umgang mit Tieren • Erwerbsarbeit

In Teilen unterschiedliche Belastungen	Hohes Anforderungsprofil	• Erziehung in einer und für eine meritokratische/n Gesellschaft • Handlungsunsicherheit • Allverantwortlichkeit • Unvorhergesehenes
	Mangel an umweltbezogenen Ressourcen	• Zeitmangel • Mangel an (ko-erziehenden) Kooperationen • Geldmangel
	Mangel an persönlicher Stabilität	• Mangel an mentaler Kraft • Mangel an empfundener Vorbildlichkeit
Unterschiedliche Unterscheidungen zwischen gefühlter Arbeit u. Nicht-Arbeit	Liegt überwiegend in der Tätigkeit Liegt überwiegend im Kontext: eigene Verfassung Liegt überwiegend im Kontext: Grad an Gemeinschaft Alles ist Arbeit	
Unterschiedliche Bewertungen des Lebens mit Kindern	Bereicherndes und das Selbst entwickelndes Leben Bereicherndes, aber auch entgangenes Leben Sehr anstrengendes und belastendes Leben	

Anhang 2: Interviewleitfaden

Wir gehen davon aus, dass sich das Familienleben sehr verändert hat. Trotzdem wird in der Gesellschaft über die Probleme und die positiven Erlebnisse von Eltern wenig gesprochen. Ich möchte heute mit Ihnen darüber sprechen, wie Sie Ihr Leben mit Ihrem/n Kind/ern realisieren, wie Sie dieses bewerten, was Sie als Arbeit und was als Freizeit oder Muße empfinden. Das Interview wird ca. 90 Minuten dauern. Dabei gibt es keine richtigen oder falschen Antworten. Alles, was Sie sagen, ist für uns wichtig. Auch Denkpausen sind normal in Interviews. Für unsere Auswertungen würde ich das Interview gerne aufnehmen. Alle Ihre Aussagen werden anonymisiert, so dass niemand Rückschlüsse auf die Person ziehen kann.

I. Narrativer Einstieg

Sie versorgen Ihre Kinder. Erzählen Sie doch mal, wie Ihr Alltag aussieht und was das für Sie bedeutet.

II. Theoriegeleitete Nachfragen

Bereich Tätigkeiten

- Können Sie mir noch etwas mehr über Ihre Tätigkeiten für Ihre Kinder erzählen?

Bereich Handlungsstrukturen

- Welche Tätigkeiten planen Sie im Voraus, was machen Sie eher spontan, wo haben Sie feste Routinen?

Bereich Interaktion mit dem Kind

- Wie würden Sie die Beziehung zwischen Ihnen und Ihrem Kind beschreiben?
- Haben Sie bestimmte Faustregeln, die Ihnen das Leben mit Ihrem/n Kind/ern erleichtern?

Bereich Kooperationsstrukturen

- Welche anderen Institutionen und Personen helfen Ihnen bei der Versorgung Ihres/er Kindes/er: Erzählen Sie doch mal, was diese machen und wie die Zusammenarbeit mit ihnen aussieht.
- Gibt es Bereiche, in denen Sie mehr Unterstützung bräuchten als Sie derzeit haben?

Bereich Kompetenzen, Ressourcen, Hilfsmittel

- Erzählen Sie mir bitte etwas über Ihre Fähigkeiten, die Ihnen in Ihrem Leben mit Ihrem/n Kind/ern helfen.
- Wenn es Qualifizierungsschulungen für Eltern gäbe, welche Inhalte würden Ihnen am meisten weiterhelfen?
- Welche Hilfsmittel oder Arbeitsmittel, die Sie zur Versorgung ihres/r Kindes/r nutzen, fallen Ihnen spontan ein? (evtl. Erläuterung geben.)
- In welchen Situationen und von wem erhalten Sie Anerkennung für Ihre Arbeit mit Ihrem/n Kind/ern?
- Können Sie Situationen beschreiben, in denen Sie selbst oder Ihre Leistungen nicht anerkannt oder sogar abgewertet werden?
- Erzählen sie mir von weiteren Kraftquellen, die Ihnen helfen.
- Haben sie Zeit für sich und wenn ja, wie gestalten Sie diese? Wie kümmern Sie sich um sich selbst?

Bereich Abgrenzung Praxen der Muße/Arbeitshandeln

- Erzählen Sie mir bitte, welche Ihrer Tätigkeiten im Leben mit Ihrem/n Kind/ern Sie eher als Arbeit und welche Sie eher als Freizeit empfinden und warum?
- Welche Tätigkeiten machen Ihnen Spaß? Welche würden Sie am liebsten abgeben?

Bereich Ziele und Aufgaben

- Können Sie mir zusammenfassend erzählen, was Sie als Aufgaben in Ihrem Leben mit Ihrem/n Kind/ern betrachten und welche Ziele Sie verfolgen?
- Erzählen sie mir, welche Dinge Sie aus Zeit- oder anderen Gründen nicht für Ihr/e Kind/er machen können, obwohl Sie diese für notwendig halten.
- evtl. nachhaken: Was ist Ihnen im Leben mit Ihren Kindern wichtig?

Bereich Folgen des Handelns (Zufriedenheit)

- Wie bewerten Sie ihr derzeitiges Leben mit Ihrem/en Kind/ern?
- Was belastet Sie am meisten?
- Erzählen sie mir bitte, was für Sie ein gutes Leben mit Kindern ausmacht.

Abschluss

- Haben Sie den Eindruck, dass wichtige Themen bislang noch nicht zur Sprache gekommen sind? Möchten Sie noch etwas ergänzen?

Vielen Dank für das Interview. Ich möchte Sie abschließend noch um einige Informationen zu Ihrer Lebenssituation bitten.

Anhang 3: Ergänzender Fragebogen

- Wie viele Kinder haben Sie zu versorgen und wie alt sind diese?
- Sind Sie alleinerziehend oder teilen Sie sich die Erziehungsaufgabe mit jemandem?
- Gehen Sie einer Erwerbsarbeit nach?
- Wenn ja: Was arbeiten Sie und wie viele Stunden in der Woche arbeiten Sie?
- Wenn Partner/in vorhanden: Was und wie viel arbeitet Ihr/e Partner/in?
- Wie schätzen Sie die Bedürfnisse Ihres/er Kindes/er ein? Gibt es Besonderheiten, die Ihren Sorgeaufwand erhöhen oder verringern?
- Gibt es noch andere Sorgeverpflichtungen in Ihrem Leben?
- Haben Sie Unterstützung durch weitere Personen?
- Besucht/besuchen Ihr/e Kind/er eine Schule oder einen Kindergarten?
- Wie viele Stunden pro Tag ist/sind Ihr/e Kind/er in der Schule bzw. im Kindergarten?
- Nehmen Sie weitere staatliche Unterstützungsangebote wahr?
- Nehmen Sie Dienstleistungen in Anspruch (wie z.B. Babysitter, Nachhilfeunterricht, Kinder- und Jugendfreizeiten)?

- Geschlecht?
- Wie alt sind Sie?
- Wie schätzen Sie Ihre finanziellen Verhältnisse ein?
- Welche Schul- und Berufsabschlüsse haben Sie und Ihr/e Partner/in?
- Haben Sie oder Ihr/e Partner/in einen Migrationshintergrund?
- Sind Sie oder Ihr/e Partner/in gesundheitlich beeinträchtigt?

- Fühlen Sie sich im Großen und Ganzen eher kraftvoll und voller Lebensfreude oder oft müde und abgespannt? Bitte nennen Sie eine Zahl zwischen 1 und 10, wobei 1 abgespannt und 10 kraftvoll bedeutet.

Soziologie

Juliane Karakayali, Bernd Kasparek (Hg.)
movements.
Journal for Critical Migration
and Border Regime Studies
Jg. 4, Heft 2/2018

Februar 2019, 246 S., kart.
24,99 €(DE), 978-3-8376-4474-6

Sybille Bauriedl, Anke Strüver (Hg.)
Smart City –
Kritische Perspektiven auf die Digitalisierung
in Städten

2018, 364 S., kart.
29,99 € (DE), 978-3-8376-4336-7
E-Book: 26,99 € (DE), ISBN 978-3-8394-4336-1
EPUB: 26,99 € (DE), ISBN 978-3-7328-4336-7

Weert Canzler, Andreas Knie, Lisa Ruhrort, Christian Scherf
Erloschene Liebe?
Das Auto in der Verkehrswende
Soziologische Deutungen

2018, 174 S., kart., zahlr. Abb.
19,99 € (DE), 978-3-8376-4568-2
E-Book: 17,99 € (DE), ISBN 978-3-8394-4568-6
EPUB: 17,99 € (DE), ISBN 978-3-7328-4568-2

Leseproben, weitere Informationen und Bestellmöglichkeiten finden Sie unter www.transcript-verlag.de